Jean Restayn

TIGRE I SUR LE FRONT DE L'OUEST

Histoire & Collections

TIGER I SUR LE FRONT DE L'OUEST

Table des matières

Introduction _____ 3

I - schwer Panzer-Abteilung 501 _____ 5

II - schwer Panzer-Abteilung 503 _____ 34

III - schwer Panzer-Abteilung 504 _____ 44

IV - schwer Panzer-Abteilung 508 _____ 62

V - schwer SS-Panzer-Abteilung 101 _____ 88

VI - schwer SS-Panzer-Abteilung 102 _____ 116

VII - Panzer-Abteilung (Fkl.) 301 _____ 128

VIII - Kompanie Meyer _____ 131

IX - Kompanie Hummel (4 Kp./schwer Panzer-Abteilung 506) _____ 134

X - Kompanie Fehrmann _____ 136

XI - Les Borgward BIV au sein des unités de Tigre _____ 139

XII - Extraits des rapports officiels _____ 140

Conclusion _____ 142

Légende de l'illustration de couverture :
Un Panzerkampfwagen VI Tiger du s.Panzer-Abteilung 508 en Italie.
(Illustration de l'auteur)

Légende de la photo de la page précédente :
Le Tigre 323 du s. SS-Panzer-Abteilung 101 en mai 1944.

Introduction

SUITE LOGIQUE du premier volet, *Tigre I sur le front de l'Est*, ce deuxième volume s'efforce de combler les lacunes existantes sur les combats menés par ce char célèbre sur le front de l'Ouest, dans lequel par commodité nous avons inclus celui d'Afrique du Nord.

L'histoire du Tigre I sur les fronts occidentaux semble avoir acquis depuis plusieurs décennies un aspect définitif. Ceci est dû en partie au grand nombre d'ouvrages traitant ou effleurant le sujet, sur la base des compte-rendus alliés, mais sans avoir jamais considéré le point de vue des principaux intéressés. Telle ou telle donnée est ainsi reprise et rabâchée sans aucune vérification. Le rôle et l'emploi du Tigre en Afrique du Nord ou en Italie, par exemple, apparaîtront donc pour certains sous un jour nouveau. De novembre 1942 jusqu'à la fin du conflit, le Tigre inspira un solide respect à ses adversaires et ce facteur ne peut être banalisé. Ceci équivaudrait à mépriser le courage des équipages de Tigre mais aussi celui de leurs adversaires.

La légende du tombeau des Tigre, à Beja

Le fameux « tombeau des Tigre », à Beja, semble marquer pour les Alliés la fin de la folle cavale des Tigre en Tunisie. En réalité, seuls sept Tigre sont perdus à cet endroit, la vingtaine d'engins survivants ne cessera pas d'infliger de lourdes pertes jusqu'à la reddition de l'armée allemande en Tunisie. Cette célèbre bataille de Beja donne ainsi lieu à de nombreuses controverses. Les compte-rendus sont divergents, laissant parfois entendre la destruction de 15 Tigre sur 19 engagés. Leur destruction fut longtemps imputée aux sapeurs britanniques, dans le cas des Tigre simplement immobilisés. Aujourd'hui, on sait que le génie britannique, bien que fort capable, n'y était pour rien. Le *I Staffel* allemand, sur le point de récupérer ces engins, reçut un dernier contre-ordre et dut à contre-cœur les saborder.

Le Tigre I jugé par ses adversaires

De nombreuses études ont été réalisées à l'époque par les Alliés, en particulier par les Britanniques. Ils le jugèrent inconfortable, spartiate, lourd, peu performant, « germanique » en un mot. Par exemple, au fameux test du *Bailing out* (évacuation d'urgence), il faut 7 à 12 secondes à un équipage britannique pour s'échapper du Tigre, ce qui est trop long. Si l'on tente la comparaison avec un blindé anglais de l'époque, le même test ne peut être en sa faveur. En effet, alors qu'un char britannique dispose souvent de deux – ou au maximum trois – écoutilles de secours, le Tigre I en possède cinq. Sans compter l'épaisseur du blindage et l'armement, le Tigre est ici encore supérieur. Seul le rapport poids/puissance peut être moins avantageux, mais seulement par comparaison avec un Crusader.

L'opinion du *Panzermann*, quant à lui, est tout à fait favorable à son colosse d'acier, qu'il estime spacieux, confortable (tout est relatif) et sécurisant. Enfin, l'évacuation d'urgence est réalisée à l'entraînement en moins de quatre secondes par un équipage allemand…

Les pertes irrémédiables

La question des pertes dites totales ou irrémédiables soulève depuis quelque temps une véritable polémique. On en trouve partiellement la source dans la guerre de propagande que se livrèrent la Grande-Bretagne et l'Allemagne à compter de 1940. Les compte-rendus officiels étaient la plupart du temps gonflés artificiellement pour ce qui est des victoires, et minimisés quant aux pertes. Du

côté britannique, cette tendance se poursuit jusqu'à la fin du conflit, les Allemands y renonçant après la Bataille d'Angleterre [1].

Pour les Britanniques, un char pouvait avoir été perdu pour ennui mécanique, même si un obus de 88 avait per-

---

1. Le total des pertes de la Luftwaffe à cette occasion a depuis quelques années été remis sérieusement en question par des historiens des deux pays. Rien que pour le Battle of Britain day *(15 septembre 1940), la RAF revendique 185 victoires. La réalité est plus modeste puisque seuls 57 appareils allemands furent abattus en combat, plus quatre perdus par accident, soit 61 avions, dont 36 bombardiers perdus au-dessus de l'Angleterre.*
Les Allemands, de leur côté, en faisaient autant. Ainsi pour la journée du 2 septembre 1940, la Luftwaffe revendique 85 victoires pour la perte de 23 appareils. Le décompte des carcasses au sol confirmera la perte de 23 avions alors que les Britanniques perdent en réalité 17 chasseurs et 9 autres gravement endommagés. Les Allemands cesseront ainsi de se leurrer eux-mêmes et deviendront intransigeants pour la confirmation des victoires sur les autres théâtres d'opérations, ainsi leurs bilans seront souvent en dessous de la réalité.
Pour les blindés, la campagne d'Afrique du Nord est édifiante, puisque le nombre de blindés revendiqués par les Britanniques dépasse largement l'effectif dont disposaient les forces de l'Axe. Les Allemands étaient dans ce domaine trop prudents et parfois en dessous de la réalité dans leurs estimations des pertes réelles infligées aux Alliés.

Ci-dessus.
Il est difficile d'identifier la couleur exacte de ce Tigre. Il pourrait être peint en *Grau RAL 7027*. On note les différences de nuances sur l'engin.
(DR)

3

Ci-dessus.
Deux Tigre du s. Pz.-Abt. 501 dans la plaine tunisienne.
(DR)

foré le compartiment moteur. Pour les Allemands, soit un char est une perte totale, soit il est récupérable. Dans ce dernier cas, la réparation s'effectue dans un laps de temps plus ou moins long selon le degré de détérioration. En cas d'avarie majeure, l'engin est renvoyé à l'usine d'origine pour une remise en état complète. Au niveau des *I Staffeln* [2], la mise hors d'état se traduit par un compte-rendu spécifiant le numéro de châssis, le constat des dégâts et l'estimation du temps nécessaire à la réparation. Au niveau supérieur est rédigé un second rapport (*Meldung*) indiquant le nombre de chars en état de marche pour l'unité, et celui des chars en réparation. Dans les deux cas, clarté et précision sont requises, aucun état d'âme ne transparaît de ces documents techniques. La propagande nazie faisait le reste.

Les scores

Là aussi, un phénomène de remise en cause n'a guère cessé depuis la fin de la guerre. Néanmoins, même si un Carius (150 à 160 blindés détruits), un Hartmann (352 victoires aériennes) ou Rudel (plus de 500 chars soviétiques détruits à bord d'un JU-87) ont pu commettre quelques « arrangements » avec la réalité, leurs résultats n'en demeurent pas moins impressionnants.

Quant aux équipages de Tigre, le plus célèbre chef de char est l'*Oberfeldwebel* (sergent-chef) Knispel, avec 162 chars soviétiques à son actif. Mais son grade, ni même la propagande, ne lui donnèrent l'aura légendaire de Wittmann, par exemple.

On s'interroge d'autre part sur les performances réelles de l'as Will Fey, du s.SS-Pz.-Abt. 102. Selon sa version du combat mené le 7 août 1944 près de Chênedollé en Normandie, il aurait détruit 15 Sherman, 12 half-tracks et un Bren Carrier du 23rd Hussars (29th Armoured. Brigade de la 11th Armoured Div. britannique). D'après le récit fait par M. Fey à l'auteur, le champ de bataille était jonché de morts et blessés anglais (plus de 400 selon lui). M. Fey signale également la présence d'un second Tigre, qui ne serait pas intervenu au cours de cette attaque.

Or, des recherches effectuées par Yves Buffetaut dans le journal de marche du régiment britannique confirment bien les pertes matérielles, mais ne déplorent qu'un mort et un blessé. Qui croire dès lors, celui qui chercherait à accroître son prestige, ou l'unité qui voudrait dissimuler la panique d'équipages abandonnant leurs engins à la vue d'un ou deux Tigre ?

Les travaux de recherche

Les Bundesarchiv allemandes, situées pour la partie textuelle à Fribourg, contiennent des milliers de documents et parmi eux, le journal de marche de nombreuses unités de la Heer et des Waffen-SS, pour chaque jour, pour chacun des engagements sur tous les théâtres d'opérations. Ce sont encore les documents originaux que l'on peut consulter. Même si des journaux sont manquants pour certaines périodes de combat, ces archives demeurent la meilleure source d'information pour qui veut effectuer des recherches sur l'armée allemande. Beaucoup de données « floues » énoncées dans certains ouvrages pourraient ainsi être étayées en consultant ces formidables chroniques. Il est dommage ainsi que l'on ne fréquente au Bundesarchiv que des historiens allemands en majorité, dont la bonne foi est généralement mise en doute. ❒

2. *I Staffel :* Instandsetzung Staffel, *unité de réparation.*

Ci-contre.
L'entraînement de Bersaglier italiens avec une unité de Tigre.
(Bundesarchiv Koblenz)

1 - SCHWER PANZER-ABTEILUNG 501

CREE EN MAI 1942 à Erfurt, le bataillon est envoyé au mois de novembre en Tunisie. L'unité est incomplète et ce n'est que peu à peu que les Tigre et en partie des Panzer III N lui parviennent. Ces derniers seront utilisés au sein de la 1re compagnie. Malgré un manque cruel de pièces de rechange, le bataillon combat jusqu'à la reddition finale en Tunisie, détruisant jusqu'au 17 mars 1943 près de 150 chars alliés. Les onze derniers Tigre de l'unité seront versés à cette date au s. Pz-Abt. 504. Le bataillon 501 ne perd que 10 Tigre au combat, en tenant compte des 7 tanks sabordés à Beja. Une vingtaine de chars Tigre sont utilisés en tout par le bataillon au cours de cette période (23 selon certaines sources).

Ci-dessus.
Le Tigre n° 112, qui deviendra 812 puis 712 au sein de la 10e Panzerdivision. Son numéro de châssis était le 250012. Cet engin fut de tous les combats et servit encore au sein du s. Pz.-Abt. 504. Il fut capturé par les forces américaines. Aujourd'hui, il est exposé au Musée Technique de Sinsheim, en Allemagne (voir aussi en pages 25 et 33). On note la forme rétrécie de la Balkenkreuz.
(Bundesarchiv Koblenz)

Ci-contre.
Embarquement à Fallingbostel en novembre 1942, destination l'Afrique du Nord via l'Italie, par Reggio de Calabre.
(Coll. Schneider)

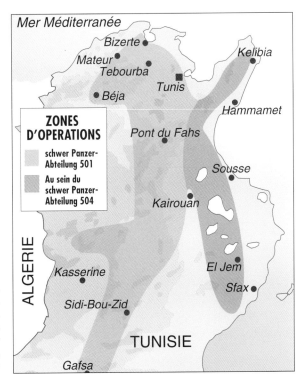

Mer Méditerranée

Bizerte
Mateur
Tebourba
Béja
Tunis
Kelibia
Hammamet
Pont du Fahs
Sousse
Kairouan
El Jem
Sfax
Kasserine
Sidi-Bou-Zid
Gafsa

ALGERIE

TUNISIE

ZONES D'OPERATIONS
schwer Panzer-Abteilung 501
Au sein du schwer Panzer-Abteilung 504

Ci-contre.
Le Tigre n° 112 suivi du Panzer III N n° 113 dans le port de Reggio de Calabre, le 20 novembre 1942. Devant le Panzer III est garé sur le quai un train rouleur de canon de Flak.
(Coll. Schneider)

Ci-contre.
Avant le départ de Reggio, discussion entre l'*Oberleutnant* Pohl, la Major ingénieur Roth et un autre officier.
(Coll. Schneider)

Ci-contre.
Un second Tigre est visible sur ce cliché, le n° 132. La pièce de Flak quadruple de 20 mm a été mise en batterie sur le chaland.
(Coll. Schneider)

Ci-dessus.
Le Tigre 111 en route vers Manouba. On note les maillons de chenille de rechange à l'arrière de la coque.
(Bundesarchiv Koblenz)

Ci-contre.
Les 56 tonnes du tank s'engagent sur un pont. Ce dernier semble soutenir ce poids énorme. Bien sûr, un seul Tigre à la fois peut négocier un tel ouvrage.
(Bundesarchiv Koblenz)

Ci-dessous.
Compagnons méconnus mais fidèles du Tigre en Afrique du Nord, les Panzer III N du bataillon. Ils payèrent aussi un lourd tribut.
(Bundesarchiv Koblenz)

Ci-dessus.
La caserne Manouba à Tunis, point de ralliement
de l'unité.
(Coll. Schneider)

Ci-contre.
Sur certains Panzer III N, un camouflage est discernable,
mais cela n'est pas une généralité
dans le bataillon.
(Bundesarchiv Koblenz)

Ci-dessous.
Détail de la tourelle du Tigre I du chef de la 1re compagnie. Il est dommage qu'aucune photo n'existe des Tigre du Stab (01 et 02) et des chefs de
compagnie (100 et 200). Mais l'avenir et l'apparition de nouvelles photos de collections privées nous réservent peut-être des surprises.
(Illustration de l'auteur)

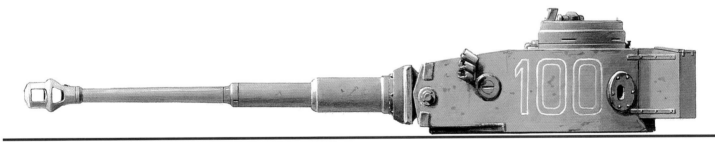

Ci-contre.
15 janvier 1943, le Tigre 112 en
route vers le front sud-ouest de
Tunisie. La tache sur le glacis
inférieur de l'engin permet de
l'identifier parfaitement.
(Bundesarchiv Koblenz)

9

Ci-dessus.
Le Tigre 121 au même endroit que le 112 de la page précédente. L'engin se dirige vers Pont-du-Fahs et Zaghouan.
(Bundesarchiv Koblenz)

Ci-contre.
18 janvier 1943, le n° 121 présentant sa tache d'huile caractéristique, mais sans dégât apparent. La scène doit se situer juste avant l'attaque sur le Djebel Mansour.
(Coll. Schneider)

Ci-dessous.
Le Tigre 121 au cours de l'attaque sur le Djebel Mansour. Le terrain est peu propice à l'engagement de tels chars.
(Bundesarchiv Koblenz)

Le même char 121
présente ses premières
blessures de guerre.
(Bundesarchiv Koblenz)

Ci-contre.
On remarque ici l'ajout
d'une seconde caisse à
outils sur le garde-boue à
l'arrière. Celle-ci provient
sans doute d'une
récupération, bien
qu'aucune perte totale
n'ait encore été enregistrée.
(Bundesarchiv Koblenz)

Ci-dessous.
Le Tigre 131 de
la 3ᵉ section présente les
mêmes caractéristiques que
le char 111 (page 7).
Rappelons qu'au sein
de la 1ʳᵉ compagnie,
les quatre sections
comprennent deux Tigre I
et deux
Panzer III N chacune.
(Illustration de l'auteur)

Ci-contre.
**Le 04 rouge semble moins
surchargé de sacs de sable
que les autres Panzer III
du bataillon.**
(Bundesarchiv Koblenz)

Ci-dessous.
**Le Tigre 121 a pris
position, assez mal du
reste, puisqu'il présente
son flanc. La nécessité
d'une retraite rapide en
terrain dégagé oblige à
cette prise de risque.**
(Coll. Schneider)

En bas.
**Le Tigre 112 subit une
complète remise en état. La
grue est ici indispensable
pour soulever la tourelle.
Si elle se montait
facilement, elle était
cependant très visible. La
camoufler était donc vital.**
(Tank Museum, Bovington)

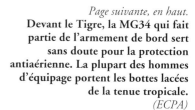

Page suivante, en haut.
**Devant le Tigre, la MG34 qui fait
partie de l'armement de bord sert
sans doute pour la protection
antiaérienne. La plupart des hommes
d'équipage portent les bottes lacées
de la tenue tropicale.**
(ECPA)

Page suivante.
**Panzer III N du 3ᵉ Zug de la 1ʳᵉ
compagnie. L'engin est le dernier
char de son peloton. Il est armé du
canon de 75 mm court, son rôle est la
protection contre les attaques
latérales. Les Panzer III contribuèrent
ainsi aux scores du s. Pz-Abt. 501.**
(Illustration de l'auteur)

Ci-contre.
Le contraste de deux civilisations, mais c'est le Tigre qui manquera d'endurance.
(DR)

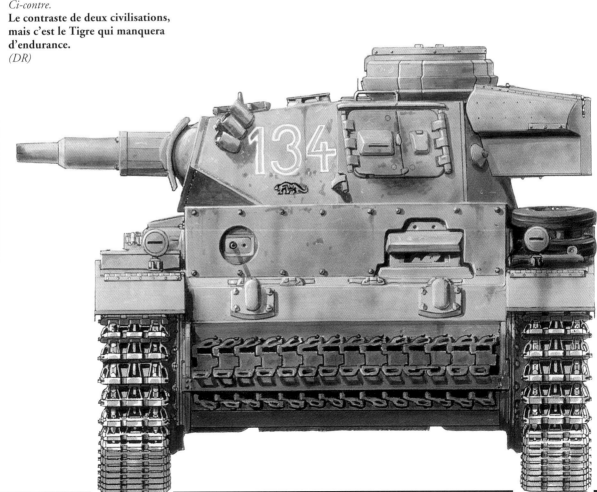

Ci-contre.
Le 142 emporte des filets de camouflage sur les côtés. Ils recouvrent l'engin en cas de nécessité.
(Bundesarchiv Koblenz)

Ci-contre.
Ici encore, on observe la forme étroite de la croix sur le flanc de l'engin.
(ECPA)

Ci-dessous.
Détail du Tigre 142, avec la forme particulière des garde-boue arrière.
(Bundesarchiv Koblenz)

Ci-contre.
Le 3 décembre 1942, lors des débuts de l'attaque de Tebourba. Les Tigre sont une garantie de succès pour l'infanterie qui les accompagne.
(ECPA)

Ci-dessous.
Le Tigre va se mettre en marche. Le chef de char occupe déjà sa place ; le radio se glisse dans sa trappe, à l'avant gauche, tandis qu'un autre tankiste vérifie d'un dernier regard le placement des équipements sur la plage arrière.
(ECPA)

Ci-dessous.
L'énigme du s. Pz-Abt. 501 est sans doute le fameux Tigre 142. Il est présenté par erreur en vert olive avec des numéros rouges depuis des décennies. Les photos montrent clairement à cette époque l'absence de rouge à l'intérieur du numéro. Cette disposition n'est valable que postérieurement, lorsque les Tigre passeront à la 10. Panzerdivision, avec des numéros rouges dans la série 700 et 800. La différence de coloris entre le corps du numéro et son surlignage provient de la conservation de la couleur neutre d'origine à l'intérieur des chiffres, l'engin ayant été probablement repeint en *Graugrün 7008*.
(Illustration de l'auteur)

Ci-contre.
Sous le regard des paras, le Tigre est maintenant *Startklar*.
(ECPA)

Ci-contre.
Le Tigre 141 traverse un village tunisien.
(Bundesarchiv Koblenz)

Ci-contre.
Le Tigre 121, suivi du 122, probablement en route vers El Bathan le 6 décembre 1942. On observe un maillon de chenille sur la tourelle.
(Bundesarchiv Koblenz)

Ci-contre.
Sur la même route, le Panzer III N 113 suivi du 114 probablement et de deux Tigre en arrière-plan.
(Bundesarchiv Koblenz)

Ci-contre.
Panzer III N du 4ᵉ peloton de la 1ʳᵉ compagnie. Les sacs de sable sont censés apporter une protection supplémentaire contre les obus antichars. Le Type N fut remplacé par le Type L au fur et à mesure des livraisons.
(Illustration de l'auteur)

Ci-dessous.
Un Tigre de la 2ᵉ compagnie. On remarque les 20 jerrycans placés sur la tourelle, soit près de 400 litres. Certains sont marqués d'une croix blanche pour l'eau. La couleur de ces récipients varie également.
(Bundesarchiv Koblenz)

Ci-contre.
Le même engin, n° 224, sous un autre angle.
(Tank Museum, Bovington)

Tigre de la 2ᵉ compagnie, ... section. L'engin ne porte ... as moins de 22 jerrycans ... ur le toit de la tourelle, ... igne d'une longue route à ... aire. Le manque de voie ... errée en Afrique du Nord ... st une cause d'usure pour ... es lourds engins. On note ... a présence de patins de ... henille de rechange sur le ... lacis avant.
Illustration de l'auteur)

Ci-dessus.
Le Tigre 142 traversant un oued presque à sec.
(Bundesarchiv Koblenz)

Ci-contre.
Passage du même oued par un Panzer III N de l'unité. Devant lui, une moto Adler bien chargée se fraie un chemin parmi les galets.
(Bundesarchiv Koblenz)

Ci-contre.
Un autre engin de la 2ᵉ compagnie. Ce cliché de mauvaise qualité permet cependant d'apercevoir des patins de chenille sur le glacis frontal.
(Coll. Buffetaut)

Ci-dessus.
En Tunisie, les températures descendent facilement sous le zéro suivant les régions durant l'hiver. La capote est appréciée aux heures matinales. Ce cliché date sans doute du 4 décembre 1942.
(Bundesarchiv Koblenz)

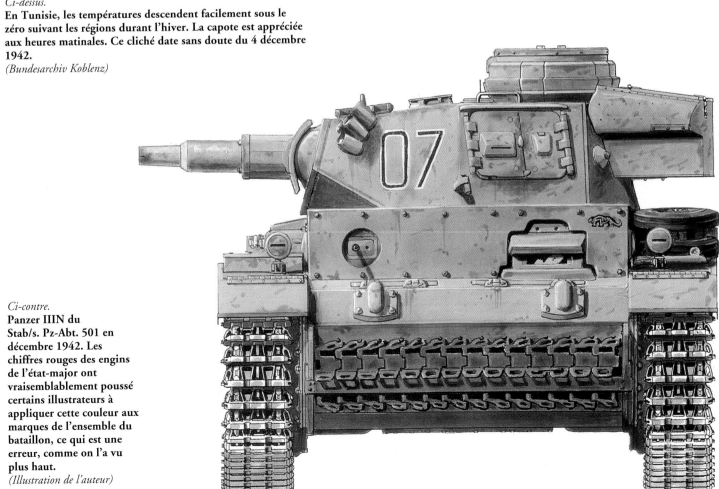

Ci-contre.
Panzer IIIN du Stab/s. Pz-Abt. 501 en décembre 1942. Les chiffres rouges des engins de l'état-major ont vraisemblablement poussé certains illustrateurs à appliquer cette couleur aux marques de l'ensemble du bataillon, ce qui est une erreur, comme on l'a vu plus haut.
(Illustration de l'auteur)

Ci-dessus.
Une attaque menée avec des éléments de la 15ᵉ Panzerdivision. On observe la différence de teinte entre le camouflage du SdKfz 250 à l'avant-plan et les autres blindés.
(Bundesarchiv Koblenz)

Ci-dessus.
Une vue générale de la scène présentée page 21, avec une grande diversité de matériel allemand, et français de prise (chenillettes Renault UE au premier plan). On remarque l'intéressant filet de camouflage sur le camion Mercedes L3000 et sa remorque.
(Bundesarchiv Koblenz)

Ci-contre.
Le Panzer III N n° 114 accompagné de grenadiers. Les troupes ne sont en aucun cas résignées, même en cette phase finale des combats en Afrique du Nord.
(ECPA)

Ci-dessous.
Le camouflage devient une nécessité et les oliviers sont les bienvenus. Ce Tigre appartient à la 3ᵉ section de la 1ʳᵉ compagnie.
(Coll. Schneider)

Ci-dessus.
Les variantes de l'insigne du s. Pz-Abt. 501.
(Illustrations de l'auteur

Le Tigre 132 caché sous des oliviers. Un filet de camouflage a été placé sur le canon et sur les flancs du char.
(DR)

Ce cliché montre bien le paysage occidental de la Tunisie, vers Kasserine.
(DR)

L'heure de la pause pour les mécaniciens. Les jerrycans sont souvent utilisés comme siège. La croix blanche indique l'utilisation pour l'eau uniquement.
(ECPA)

Le moteur est bel et bien le talon d'Achille du Tigre. Sa taille paraît ridicule comparée aux dimensions du blindé. A droite, une camionnette Dodge américaine capturée.
(ECPA)

Ci-dessous.

Le Tigre 712, ex-112 de l'*Oberleutnant* Schröter (n° de châssis 250012). Cet engin appartient en fait au s. Pz-Abt. 504 à partir du 17 mars 1943. Après avoir détruit deux Churchill du 4th Squadron/48 RTR, il sera légèrement touché à la tourelle. L'équipage abandonne l'engin, qui sera remis par la suite aux Américains et exposé à l'Aberdeen Proving Ground (Maryland).

(Illustration de l'auteur)

En cartouche : **vue de l'avant du 712. Il semble que l'insigne n'apparut qu'avec l'intégration des Tigre dans la 10. Panzerdivision.**
(Illustration de l'auteur)

Ci-contre.
**Pour beaucoup
d'historiens, le
« tombeau » de Beja
marque la fin des Tigre en
Afrique du Nord. Cette
interprétation est fort
éloignée de la réalité
puisque par la suite, 11
Tigre du s. Pz.-Abt. 501
joints aux 11 autres du
s. Pz.-Abt. 504 causeront
encore de lourdes pertes
aux Alliés.**
(IWM)

Ci-dessous.
**Le Tigre 231 détruit sur la
route de Roubaa le
20 janvier 1943. L'engin a
de toute évidence servi de
cible pour la formation des
pointeurs britanniques, à
en juger par les nombreux
impacts de canon antichars
6 pounder.**
(IWM)

Ci-contre.
Les Tigre 823 et 833. Les châssis de ces deux chars détruits par le génie allemand au nord-est de Beja sont orientés en sens opposé. Il semble qu'au moins un était en cours de dépannage, une hypothèse confirmée par le compte-rendu de l'unité du génie. L'ordre de les saborder a peut-être été donné trop tôt.
(IWM)

Ci-dessous.
Un Tigre de la 1ᵉ compagnie à pleine vitesse. Il n'est guère facile de maîtriser un tel engin sur des routes aussi étroites.
(Bundesarchiv Koblenz)

Ci-contre.
Détail du Tigre 731 pris par les Britanniques. On remarque encore la forme étriquée de la croix.
(IWM)

Ci-dessous.
Détail du glacis avant et des supports pour les patins de chenille de rechange.
(IWM)

Ci-dessous.
Détail du glacis avant d'un autre Tigre intégré à la 10. Panzerdivision. Variante indiquant peut-être l'appartenance au s. Pz-Abt. 504 en raison de l'insigne tactique rouge (S dans un rhombe).
(Illustration de l'auteur)

Ci-contre.
Remorquage du Tigre 813. Deux semi-chenillés suffisent à peine à la tâche, mais le I Staffel n'en possède plus d'autres.
(Bundesarchiv Koblenz)

Ci-dessus.
Une autre vue du dépannage du 813. Un tel convoi ne devait pas passer inaperçu dans un paysage aussi désolé.
(Bundesarchiv Koblenz)

Ci-contre.
Ce cliché permet d'apercevoir le détail d'insigne d'un Tigre de la 1re compagnie.
(DR)

Ci-dessous.
Le Tigre 731, ancien de la 1re compagnie du s. Pz-Abt. 501 et servant à la 7e compagnie du régiment de Panzer de la 10. Panzerdivision. On remarque en cartouche le nom du char, *Norbert*, et l'insigne conservé sur la tourelle. La couleur de camouflage foncée (le *Grünbraun RAL 8000*) serait une alternative au vert olive du Tigre 142 (cf. dessin de la page 15).
(Illustration de l'auteur)

Ci-dessus.
Le char 724 avec ses chiffres rouges. L'engin a subi plusieurs dommages, dont la perte de ses phares.
(Bundesarchiv Koblenz)

Ci-contre.
Sur le site romain d'El Djem, le Tigre 724 avec 6 victoires peintes sur le tube du canon. Ce type de marque n'est pas commun à tous les Tigre de l'unité. En arrière-plan, deux *Carabinieri* jouent les guides touristiques devant les autochtones curieux.
(Bundesarchiv Koblenz)

Ci-contre.
Comme souvent, la population ne montre pas d'hostilité envers les Allemands, un fait également rapporté par les compte-rendus d'unités.
(Bundesarchiv Koblenz)

Ci-dessous.
Encore le Tigre 732, ex-132, affecté entretemps à la 7e compagnie du Panzer-Regiment 7 de la 10e Panzerdivision.
(Bundesarchiv Koblenz)

Ci-dessus.
Une autre vue du 732, avec les ruines romaines à l'arrière-plan.
(Bundesarchiv Koblenz)

Ci-dessous.
Le dernier survivant des combats d'Afrique du Nord, avec le Tigre 131 du s. Pz.-Abt 504, le n° 712. Longtemps exposé à l'Aberdeen Proving Ground aux USA, il est maintenant conservé au Musée Technique de Sinsheim, en RFA.
(US Army)

Ci-contre.
Détail de l'insigne du Tigre 712.
(US Army)

Ci-dessous à droite.
Détail de la tourelle du 712, ex-812 et 112, à l'arrivée du char aux USA. Un impact a été obturé de manière peu orthodoxe.
(US Army)

Ci-dessous
Le Tigre 821 de la 10. Panzerdivision, 8ᵉ compagnie. L'engin, par sa configuration, semble être l'ex-121 du s. Pz-Abt. 501. La forme du 2 est originale et se reconnaît à l'ondulation de la ligne transversale. Lorsque les numéros étaient repeints, le 2 affectait alors une forme plus simple (comme sur le 712, page 25). La croix a également été repeinte, plus discrètement. Le garde-boue avant et la cassure dans le garde boue latéral indiquent que l'engin proviendrait de la 1ʳᵉ compagnie du s. Pz-Abt. 501, cependant que les phares et la Balkenkreuz plaident davantage pour la 2ᵉ compagnie. L'indice déterminant demeure le numéro sur la Rommelkiste de tourelle. En effet, seuls les Tigre de la 2ᵉ compagnie présentaient ces marques et on peut donc penser que ces chiffres étaient repeints et transformés plutôt que grattés ou recouverts de peinture.
(Illustration de l'auteur)

Ci-dessus.
A Bourgthéroulde le 12 août 1944. Ce Tigre va tenter de passer la Seine dans le secteur d'Elbeuf. Il porte le n° 213 également. S'agit-il du même engin mais remis à neuf ou, comme le pense M. Wirton, d'un autre Tigre rebaptisé.
(Bundesarchiv Koblenz)

APRES AVOIR REMPORTE une série éclatante de victoires sur le front de l'Est, de 1943 à la mi-1944, le bataillon 503 se voit transféré à l'Ouest, où il arrive tardivement, au début du mois de juillet en Normandie. Sa première compagnie est déjà équipée du fameux Tigre II à tourelle Porsche. Après quelques succès, les Tigre I de la 3ᵉ compagnie sont pratiquement tous détruits au cours du terrible bombardement précédant l'opération *Goodwood*, dans le secteur britannique. La compagnie est rapidement reformée à l'arrière et rééquipée de Tigre II Mais ils seront vite perdus, n'atteignant même pas le front de Normandie : 14 de ces 16 Tigre II sont sabordés, ou détruits par l'aviation alliée. Deux sont renvoyés à l'usine pour réparation.

Le bataillon perd dans les combats de Normandie 31 Tigre I et 26 Tigre II (dont 12 à tourelle Porsche). Le score du bataillon 503 pour cette période limitée est d'environ 80 blindés alliés.

Ci-contre.
La fin du Tigre II n° 122 de la 1ʳᵉ compagnie. Il n'a pas été détruit par le Sherman mais par un PaK de 75 allemand le touchant par méprise.
(Coll. Wirton)

ABTEILUNG 503

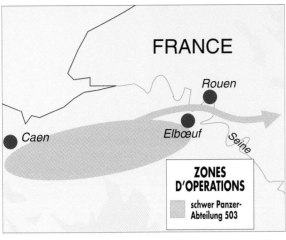

FRANCE

Rouen

Caen

Elbœuf

Seine

ZONES D'OPERATIONS

schwer Panzer-Abteilung 503

Ci-contre.

Le Tigre 232 du *Feldwebel* Seidel en route vers la Normandie. Ce char sera la première perte totale du bataillon sur ce front, en tombant d'un pont! Il n'y eut aucune victime.

(Coll. von Rosen)

Entraînement sur Tigre II à tourelle Porsche à Sennelager, avant le départ de la 1re compagnie pour la Normandie.

(Coll. Schneider)

Ci-dessous.

Tigre du commandant du bataillon, le *Hauptmann* Fromme. Au sein du schwer Panzer-Abteilung 503, le *Stab* utilisait des chiffres romains pour l'identification des chars : I pour le chef d'unité, II pour son adjoint, III pour l'officier de renseignements-transmissions *(Nachrichten-Offizier)*. Les Tigre I du bataillon sont tous du même type. Les Tigre II sont concentrés, à 12 exemplaires plus deux Tigre I, à la 1re compagnie. Par la suite, des Tigre II à tourelle Henschel servent à rééquiper la 3e compagnie, pratiquement détruite au début de l'opération *Goodwood*.

(Illustration de l'auteur)

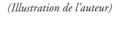

Ci-dessous.
Le Tigre 224 au cours d'une pause. Les engins présentent un aspect encore convenable à cette époque. La série de clichés doit dater du début juillet 1944.
(ECPA)

Ci-contre.
Pause tartine et cigarette. On note la texture de l'enduit Zimmerit.
(ECPA)

Le Tigre 222 vu dans le sous-bois du château de Manéville en compagnie de Tigre II à tourelle Porsche de la 1re compagnie. A la différence de certaines autres unités de Tigre, le schwer Panzer-Abteilung 503 n'emportait pas de patins de chenille de rechange sur le glacis inférieur frontal.
(Illustration de l'auteur)

Ci-contre.
Le même engin qu'à la page précédente sous un angle différent laisse voir ses anciens chiffres de tourelle 322.
(Coll. Wirton)

Ci-dessous.
Le numéro 313 de l'*Oberfeldwebel* Sachs. Seul avec deux autres membres de l'équipage, il survivra au terrible bombardement.
(IWM)

Page suivante.
Marche de nuit vers le front dans la nuit du 7 juillet 1944. La même scène qu'en page 36 au centre, montrant le Tigre du *Hauptmann* Scherf.
(Bundesarchiv Koblenz)

Ci-dessous.
Le Tigre du chef de la 3ᵉ compagnie, le *Hauptmann* Scherf. Cette unité qui s'est illustrée sur le front de l'Est sera en grande partie détruite lors des bombardements alliés de l'opération *Goodwood*. Si les chars de la 3ᵉ compagnie furent les plus touchés, la 2ᵉ subit également des dommages importants. Les chars en état ou récupérables de la 3ᵉ compagnie furent versés à la 2ᵉ pour combler ses pertes. Les équipages de la 3ᵉ compagnie partent s'entraîner sur le nouveau Tigre II. Scherf quant à lui semble avoir été moins brillant en Normandie que sur le front de l'Est.
(Illustration de l'auteur)

Ci-contre.
Cette autre vue du Tigre 313 montre l'ampleur des dégâts causés au train de roulement.
(Coll. Wirton)

Ci-dessous à gauche.
Vue arrière du 213. Il sera extrêmement difficile de tirer un char lourd d'un aussi mauvais pas.
(Coll. Wirton)

Page suivante en haut.
A Bourgthéroulde le 12 août 1944. Le va-et-vient incessant des véhicules n'encourage guère l'optimisme chez les hommes, qui pourtant ne semblent pas résignés.
(Bundesarchiv Koblenz)

En bas à gauche.
Le 213 en très mauvaise posture. Extérieurement, il ne semble pas avoir trop souffert.
(Coll. Wirton)

Ci-dessous.
La majorité des Tigre seront perdus avant même d'atteindre la Seine, comme celui-ci à Menneval, près du château Dauger.
(Coll. Wirton)

Ci-dessous.
Cette ambulance pourtant identifiée par des marques blanches ne sera pas épargnée par l'aviation alliée.
(Bundesarchiv Koblenz)

Ci-dessus à gauche.
L'emplacement du numéro de tourelle semble repeint, ce ne serait donc pas celui d'origine. Mais la Rommelkiste ayant été arrachée au Tigre 213 original à Manneville, il est aussi possible qu'on lui ait adapté un caisson de rechange. Ce Tigre sert de taxi à plusieurs équipages sans char. Les sourires pour la caméra sont forcés.
(Bundesarchiv Koblenz)

Ci-contre.
Cet autre Tigre aurait été détruit par un avion le 24 août 1944 à Bernay dans la rue Pépin. Il semble plutôt avoir été abandonné en raison d'une rupture de chenille, quitte à être pris plus tard comme cible par l'aviation.
(Coll. Wirton)

Ci-contre.
Secteur de Demouville. Ce cliché peu connu présente un Tigre II de la 1ʳᵉ compagnie. L'engin a été sabordé après avoir glissé dans un trou d'obus au cours d'un bombardement. Il s'agit assurément du Tigre 100 du chef de compagnie.
(NAC)

Ci-contre.
Le même engin sous un autre angle. On note au premier plan une camionnette Steyr qui a été cannibalisée.
(NAC)

Ci-dessous.
La dépouille du Tigre 101 détruit le 18 juillet 1944 au cours d'une contre-attaque sur Demouville. Un autre Tigre, le n° 111, fut également détruit, par un impact dans la tourelle.
(Coll. Wirton)

Le Tigre du chef de la 1ʳᵉ section, le lieutenant von Rosen. Le 11 juillet 1944, il attaque avec sa section au nord-ouest de Giberville, détruisant quatre canons antichars et douze Sherman dont plusieurs Firefly. Von Rosen, malgré sa radio de bord endommagée dès le début de l'action, dirige le combat depuis son tourelleau, capturant deux Sherman abandonnés par leurs équipages.
(Illustration de l'auteur)

Certains auteurs situent ces scènes à Sennelager en février 1943, mais la végétation est trop luxuriante et il n'est guère possible de bronzer ainsi en cette période de l'année.
(Bundesarchiv Koblenz)

CONSTITUE à Noël de l'année 1942, ce bataillon, comme le s. Pz-Abt. 501, ne comprend tout d'abord que deux compagnies. La première, après une courte période d'entraînement, embarque pour Tunis, qu'elle atteint le 13 mars 1943. Le 17, elle touche 11 Tigre survivants du bataillon 501 devenu entretemps 7e et 8e compagnies du régiment de chars de la 10e Panzerdivision. Par la suite, 8 autres Tigre rejoignent l'unité, au goutte à goutte. Le bataillon combat jusqu'au 11 mai 1943. Le 6 mai, il dispose encore de 14 chars opérationnels, qui seront sabordés par la suite.

En Afrique du Nord, le bataillon n'a utilisé que 22 Tigre, ceux du s. Pz-Abt. 501 compris. Les pertes infligées à l'adversaire atteignent environ 150 chars durant cette période.

La 2e compagnie du bataillon ne jouera guère de rôle important en Sicile, où elle est mal employée. Seul un char sur les 17 présents réussit à rejoindre l'Italie à bord d'un chaland Siebel. Le reste est en grande partie sabordé.

L'unité, reconstituée à Wezep (Hollande) se rendra en Italie du Nord au début de juin 1944, elle y livre de durs combats. Après un mois au front, le bataillon 504 ne dispose plus que 16 Tigre I sur 45. Il recevra cependant 12 nouveaux chars le 26 juillet 1944 et 15 autres le 12 février 1945.

Au cours de toutes ses campagnes, le bataillon n'a pas utilisé moins de 109 Tigre au total. Il a détruit une vingtaine de chars en Sicile et une centaine en Italie du Nord.

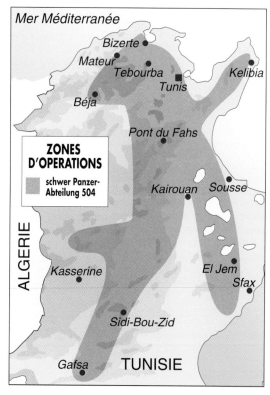

Mer Méditerranée

Bizerte

Mateur

Teboura

Kelibia

Tunis

Béja

Pont du Fahs

ZONES D'OPERATIONS
schwer Panzer-Abteilung 504

Kairouan · Sousse

ALGERIE

Kasserine

El Jem

Sfax

Sidi-Bou-Zid

Gafsa · TUNISIE

-ABTEILUNG 504

Le *Hauptmann* Rosshirt, chef de la 1ʳᵉ compagnie, sur la route de Tunis à Sfax, à la mi-mars 1943. On note les nombreuses décorations de ces « vieux renards ».
(Bundesarchiv Koblenz)

Ci-dessous.
Le Tigre 112 de la 1. Kompanie du schwer Panzer-Abteilung 504, à son arrivée en Tunisie le 12 mars 1943. Deux mois plus tard, les derniers Tigre de l'unité sont sabotés dans la péninsule du Cap Bon. Le rhombe barré d'un trait rouge et le petit chiffre 1 blanc à l'avant de la caisse sont les seules marques apposées sur l'engin outre son numéro individuel.
(Illustration de l'auteur)

Ci-dessous.

Panzer III J du schwer Panzer-Abteilung 504, 1re compagnie, 3e section. Le rhombe blanc barré d'un trait rouge, accompagné du 1 blanc, est également visible au côté droit de la coque. Les Panzer III J sont présents dans les deux compagnies, dont l'organisation est similaire à celle de la 1re compagnie du schwer Panzer-Abteilung 501. Deux Panzer III J sont cependant présents dans le groupe de commandement de chaque compagnie.

(Illustration de l'auteur)

Ci-contre.
Le bon état de l'engin laisser penser à une arrivée récente sur le front tunisien. La photo pourrait dater de la mi-février 1943.
(Coll. Schneider)

Ci-dessous.
Le Panzer III J n° 02 appartient au Stab du bataillon.
(Coll. Schneider)

Ci-dessous.
Tigre I du s. Pz.-Abt. 504, 1ʳᵉ compagnie, 4ᵉ section. L'engin présente les nouveaux garde-boue à l'avant, ainsi que les filtres à air Feiffel. Comme sur les engins de la 2ᵉ compagnie du s. Pz.-Abt. 501, des patins de chenille sont rangés sur l'avant de la caisse. Cette disposition est souvent critiquée par les « experts », mais suffisante pour arrêter les obus de faible calibre.
(Illustration de l'auteur)

Ci-contre.
Juin 1943, un des six derniers Tigre livrés au bataillon en Sicile. On remarque l'insigne peint sur le glacis frontal inférieur.
(Coll. Schneider)

Ci-dessous.
Il ne s'agit pas d'un camouflage raffiné mais d'un négatif passablement endommagé. Sur le côté de la caisse, on peut lire l'inscription *II Transport.* **La présence de patins de chenille de rechange sur la tourelle identifie un des derniers chars livrés à l'unité en juin 1943.**
(Coll. Schneider)

Ci-dessous.
La deuxième compagnie dispose également de quelques Panzer III L en Sicile. Il n'est pas sûr que l'unité, qui aligne neuf Tigre, conserve ses Panzer III lorsqu'elle reçoit huit Tigre supplémentaires en mai et juin 1943. En tout cas, ils ne sont pas mentionnés dans les rapports d'opérations de juillet-août 1943. Ils furent vraisemblablement intégrés à la division « Hermann Göring ».
(Illustration de l'auteur)

Ci-dessus.

Le 16 août 1943, un des trois Tigre sabordés dans le secteur de Pisano, en Sicile. Celui-ci a connu des ennuis au niveau de la chenille droite. Aucun numéro n'est visible sur l'engin, qui fait partie des six nouveaux chars assignés au bataillon en juin 1943.
(IWM)

Ci-dessous.

Un autre Tigre abandonné dans le secteur de Pisano et « capturé » par la 152e brigade de la 51e division britannique.
(IWM)

Ci-dessus.
Un Tigre de la 2. Kompanie sabordé dans le secteur de Militello, en Sicile. La date du cliché est le 19 juillet 1943 mais la destruction remonte au 12. L'engin ne présente aucun impact visible.
(IWM)

Ci-dessous.
Les six derniers Tigre livrés à l'unité en juin 1943 avaient les patins de chenille de rechange fixés à la tourelle et ne portaient aucun numéro. Seul l'insigne tactique habituel est reproduit sur le blindage frontal de la coque. Deux autres Tigre livrés le 10 mai 1943 semblent également dépourvus de numéros.
(Illustration de l'auteur)

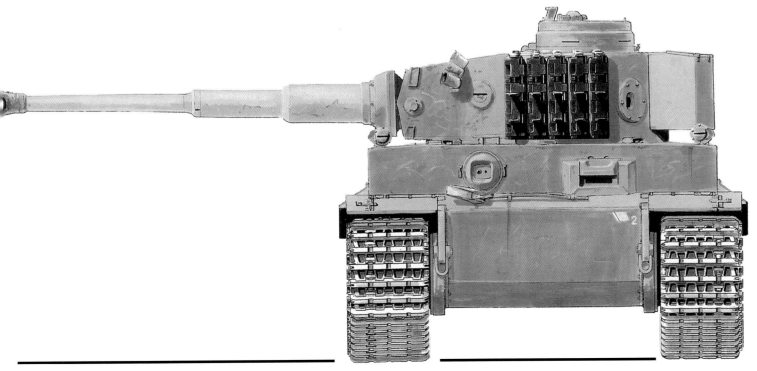

Ci-contre.
Le Tigre prétendument détruit à Belpasso par le B Squadron du 50 RTR. En réalité, le char du *Feldwebel* Kruse fut sabordé par son équipage.
(Coll. August)

Ci-contre.
Le Tigre 222 du *Leutnant* Steuber, le seul à quitter la Sicile indemne. Il tombera en panne, la suspension irréparable, dans les montagnes de Calabre.
(Coll. Schneider)

Ci-contre.
Le 222 sur un chaland lors du passage vers Messine le 17 août 1943. Ce Tigre sera le seul char du bataillon à s'échapper de Sicile. Tous les autres sont soit détruits au combat (6), soit sabordés (10).
(DR)

Ci-contre.
A Wezep-Oldebruch (Hollande), un équipage au cours de l'entraînement.
(Coll. Schneider)

Ci-dessous.
Le Tigre 222 sera le seul sur 17 à quitter la Sicile le 17 août 1943. Son chef de bord, le *Leutnant* Steuber, l'amène jusqu'au montagnes de Calabre où il tombera en panne irrémédiablement. Comme la plupart des Tigre du bataillon, il sera sabordé.
(Illustration de l'auteur)

Ci-dessus.
Avril 1944, tirs d'entraînement à bord du Tigre 323, toujours au Pays-Bas.
(Coll. Schneider)

Page suivante.
Le Tigre 113 de la 1re compagnie du schwer Panzer-Abteilung 504 en Italie. Il peut s'agir d'un des quatre Tigre ayant participé à la contre-attaque le 22 juin 1944 dans le secteur de Petrolla. Au cours de cette action, onze Sherman sont détruits et 12 autres abandonnés par leurs équipages.
(Illustration de l'auteur)

Ci-contre.
Le Tigre 311 avec sa tourelle à six heures, le 30 avril 1944. Le bataillon part pour la France, vers Saumur puis Poitiers. Deux jours avant le débarquement en Normandie, l'unité est envoyée en Italie, en passant par l'Allemagne.
(Coll. Schneider)

Ci-dessus.

En raison de l'importante activité aérienne ennemie, les chars sont camouflés dans la mesure du possible.

(Coll. Schneider)

Ci-dessous.

Sur le Tigre 331, on note que deux chiffres ne sont pas soulignés d'une seconde couleur. La 3ᵉ compagnie a été formée à partir d'éléments de la 314. Funklenk Kompanie.

(Coll. Schneider)

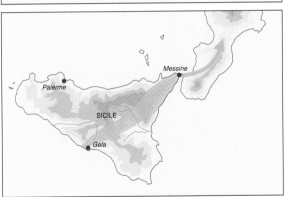

ZONES D'OPERATIONS

schwer Panzer-Abteilung 504

Ci-contre.
Les mêmes tanks sous un autre angle. Les écoutilles ont toutes été arrachées par la puissance des charges de destruction.
(DR)

Ci-dessous.
Détail de la Rommelkiste du Tigre 211. Les chiffres sont réguliers et centrés.
(Illustration de l'auteur)

Ci-dessous.
Le Tigre n° 21? a été abandonné dans le secteur de Luga-Massa, probablement le 10 avril 1945.
(IWM)

Tigre 200 du chef de la 2ᵉ compagnie du z-Abt. 504. Cet engin sera perdu en même temps que le 211 le 22 juin 1944. C'est le début d'une série noire pour le bataillon, qui ne prendra fin qu'en juillet 1944 : en un peu plus d'un mois, il perd 29 Tigre. Seuls deux sont détruits au combat, le reste sera sabordé par les équipages. L'insigne du bataillon (un fer de lance superposé à une section de chenille, la Rommelkiste) ne figure pas sur tous les engins.
(Illustration de l'auteur)

Ci-contre, ci-dessous et ci-dessous à droite.
Exemples de marques de Tigre de la 3. Kompanie du s. Pz-Abt. 504. En raison de la présence de l'antenne de téléguidage au côté droit de la tourelle, les chiffres y sont disposés différemment. Ceci n'est valable que pour la 3ᵉ compagnie.
(Illustrations de l'auteur)

Page suivante.
Le 12 avril 1945. Ce Tigre ??2 aurait été victime d'un Piat servi par des Néo-zélandais de la 2nd Division dans le secteur du Senio. A cette époque, le bataillon 504 perd trois Tigre dans ce secteur : les 200 et 211 ainsi que le char du *Leutnant* Ludwig, tombé d'un pont à la suite d'un tir d'artillerie adverse. La date du cliché serait-elle fausse ?
(IWM)

Ci-dessous.
Le 12 avril 1945, le Tigre 211 de l'*Unteroffizier* Kaiser est touché par un obus au phosphore. Plusieurs membres de l'équipage prisonnier sont assassinés par des soldats de la 2nd New Zealand Division. Le cliché, du 13 avril 1945, a été réalisé dans le secteur de Luga-Massa-Lombardia.
(Coll. Schneider)

Ci-contre.
**Détail de la Rommelkiste du Tigre
331 : le numéro tactique est décentré.
Il est probable que les chiffres du
peloton et du véhicule lui-même
auraient dû être plus petits, or ils ont
été reproduits aux mêmes dimensions
que le chiffre 3 surligné de noir
indiquant la compagnie.**
(Illustration de l'auteur)

Ci-dessous.
**Le Tigre 314 de la 3. (Funklenk) Kompanie du
s. Pz-Abt. 504 en juin 1944, dans le secteur de Val di
Castello. Lorsqu'un Tigre était abandonné, il n'était pas
rare qu'il soit mitraillé ou bombardé par l'aviation et
revendiqué. Au même moment, une unité terrestre le
prenait pour cible et s'ajoutait à la liste des prétendants.
Il faut également tenir compte des confusions entre les
Tigre et les Panzer IV munis de Schürzen de tourelle.**
(Illustration de l'auteur)

Ci-dessus.
Un Tigre du bataillon 504 abandonné après une tentative désespérée de remettre en état la chenille gauche, dans le secteur de Ponsacco, sud su secteur de Vicopisano, près de la rivière Arno le 1er septembre 1944. Des éléments de la 92d Infantry Division américaine passent indifférents à côté de l'engin.
(National Archives)

Ci-contre.
**Le 9 octobre 1944, le Lieutenant-General McCreery, accompagné d'officiers appartenant à la 21st Army Tank Brigade britannique, posent devant un Tigre utilisé comme cible pour l'entraînement au tir antichar.
Le Tigre 334, a été récupéré à Riccione le 18 septembre 1944.** *(IWM)*

Right.
Dans la région de Cecina, le 3 juillet 1944. Ce char pourrait être le Tigre n° 221 détruit au combat le 1er juillet 1944 par un Sherman du 752nd US Tank Battalion.

En bas.
Le J sur la Rommelkiste est réalité un I et signifie *Instantsetzung* (réparation). Il ne s'agit nullement d'une nouvelle marque tactique, mais d'une Rommelkiste provenant de l'atelier.
(Tank Museum, Bovington)

Ci-dessous à droite.
Détail de la marque unique peinte sur la Rommelkiste d'un Tigre du s. Pz-Abt. 508.
(Illustration de l'auteur)

CONSTITUE EN JUILLET-AOÛT 1943, le bataillon s'entraîne dans le secteur de Heilbronn, à Böbligen puis en France, à Mailly-Le-camp. L'unité ne reçoit ses Tigre qu'en décembre 1943. Elle dispose tout comme le s. Pz-Abt. 504 d'une compagnie Funklenk d'engins téléguidés, la 313e, qui devient 3e compagnie du bataillon le 19 février 1944. L'unité est envoyée début février 1944 en Italie dans le secteur d'Aprilia (tête de pont d'Anzio) où elle tente de repousser l'avance alliée. Le 3 mars 1944, la compagnie Meyer du Tigerkampfgruppe Schwebbach est adjointe au bataillon, avec ses 8 Tigre I. Les combats d'arrière-garde amènent le s. Pz-Abt. 508 vers Rome, au Nord des Appennins et jusqu'à Bologne. Les 15 derniers Tigre sont remis au s. Pz-Abt. 504 à la mi-février 1945 près de San Filippo. Les équipages partent pour l'Allemagne où ils sont formés sur le Tigre II. Cependant, seuls quelques hommes auront le « privilège » de combattre sur cet engin au cours des derniers combats pour le Reich.

Des 91 Tigre employés par le bataillon, près de 70 sont abandonnés ou sabordés, quatre sont renvoyés à l'usine et 15 remis au s. Pz-Abt. 504. Plus d'une centaine de chars alliés sont détruits par le bataillon au cours de ses engagements.

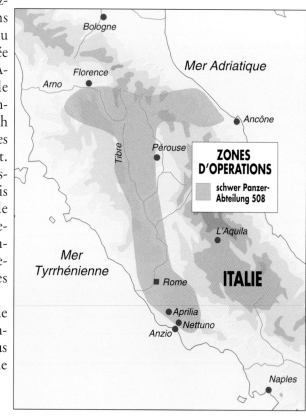

ZONES D'OPERATIONS

schwer Panzer-Abteilung 508

ABTEILUNG 508

Ci-dessus.
Alors qu'un tracteur semi-chenillé de la division Hermann Göring se replie, un StuG de la même unité et un Tigre de la 1re compagnie tiennent un pont sous leur feu.
(Bundesarchiv Koblenz)

Ci-contre.
Pris au cours des combats pour la tête de pont d'Anzio, ce cliché nous présente un Tigre de la 1/s. Pz-Abt 508. Le cliché date de février 1944, le secteur du front est clairement identifié.
(DR)

Ci-dessous.
Tigre I de la 1. Kompanie du schwer Panzer-Abteilung 508 durant les combats du secteur d'Aprilia (tête de pont d'Anzio) en février 1944. Le système des numéros tactiques n'est pas sans rappeler celui du s. Pz-Abt. 507 sur le front de l'Est à la même époque, et cela peut prêter à confusion. Le 112 paraît être un ancien char de la compagnie Meyer (chapitre VIII), qui se trouvait dans le même secteur à l'époque. Cette unité est intégrée au s. Pz-Abt. 508 le 3 mars 1944.
(Illustration de l'auteur)

Ci-contre.
Tigre I de la 2ᵉ compagnie après une sortie de route au cours de l'hiver 1943-44.
(Coll. Hirlinger)

Ci-dessous à gauche.
Les BIV de la 313 Funklenk-kompanie à Mailly-le-Camp. Cette unité deviendra la 3ᵉ compagnie du s. Pz-Abt 508. Dès son arrivée en Italie, elle aura beaucoup de succès, mais avec ses canons de 88. Le 24 février 1944, elle détruit 17 tanks américains.
(Coll. Schneider)

Ci-dessus.
En route vers Rome le 11 février 1944, la 2ᵉ compagnie suit la Via Cassia.
(Coll. Hirlinger)

Ci-contre.
La petite antenne de télécommande des Tigre Funklenk de la 3ᵉ compagnie est parfaitement visible sur ce cliché. Il en existait trois sortes différentes. En avant-plan, un des Borgward BIV de l'unité.
(Coll. Schneider)

Ci-contre.
Une pause dans le parc de Tiburtina permet de remettre les engins en état.
(Coll. Hirlinger)

Ci-dessous à gauche.
Un Tigre franchissant une des portes de la ville. L'engin semble écrasé par le poids de l'Histoire.
(Bundesarchiv Koblenz)

Ci-dessous et page suivante.
Un Tigre de la 1ᵉ compagnie longe le Tibre. Il emporte sur la plage arrière une motocyclette DKW de 250 cm ³.
(Bundesarchiv Koblenz)

Ci-dessous.
Tigre A2 du Stab de la 1ʳᵉ compagnie du s. Pz-Abt. 508. La numérotation n'est pas orthodoxe et même les anciens n'en ont pas souvenir. La lettre A indique souvent le Stab de la 1ʳᵉ compagnie au s. Pz-Abt. 507 et à la division Grossdeutschland, il s'agit donc de la première forme de numérotation au sein des 1ʳᵉ compagnies. Le chiffre 2 indique le 2ᵉ Tigre de l'état-major. D'après les vétérans du s. Pz-Abt. 508, les véhicules de ses Stabskompanie ne présentaient pas ces chiffres. Ce type de numérotation, comme celui du Tigre du dessin précédent (page 61) aurait pu être destiné au s. Pz-Abt. 507.
(Illustration de l'auteur)

Ci-contre.
**Un Tigre de la 3ᵉ
compagnie à pleine vitesse.
On reconnaît la petite
antenne de téléguidage sur
le côté de la tourelle.**
(Bundesarchiv Koblenz)

Ci-dessous.
**Devant le Palazzo de
Angelis et le monument
dédié à
Victor–Emmanuel II,
le Tigre attire l'attention
des promeneurs romains.**
(Bundesarchiv Koblenz)

Ci-dessus.
**Dans le secteur D'Aprilia,
au cours de la seconde
quinzaine de février 1944,
la marche reprend.**
(Bundesarchiv Koblenz)

Ci-contre.
**Fin février 1944,
remorquage d'un Tigre de
la 3ᵉ compagnie à moitié
déchenillé. La première
barre de torsion droite a
été apparemment arrachée
par l'explosion d'une mine.**
(Coll. Jaugitz)

Ci-contre.
Cet engin appartient vraisemblablement à la 1re compagnie du bataillon 508 au moment des engagements contre la tête de pont d'Anzio.
(DR)

Ci-contre.
Un Tigre de la 1re compagnie effectuant des tirs d'artillerie sur les positions adverses dans le secteur d'Aprilia, fin février 1944. On observe ici la petite trappe circulaire permettant l'éjection des douilles hors de la tourelle.
(Coll. Schneider)

Ci-contre.
Un Sherman britannique détruit par les Tigre du 508 dans le secteur de Nettuno. Le I Staffel est sur place pour examiner la victime.
(Bundesarchiv Koblenz)

Ci-contre.
Les combats font rage dans le secteur et les pertes sont importantes des deux côtés.
(Bundesarchiv Koblenz)

Ci-dessous.
Au même endroit, juste derrière, un second Bren Carrier et un Sherman détruits attestent de la violence des combats.
(Bundesarchiv Koblenz)

Ci-dessous.
Tigre de la 2.Kompanie du s. Pz-Abt. 508. L'emplacement et la forme des chiffres varient légèrement d'un tank à l'autre et ceci est valable pour toutes les compagnies. Les Tigre dotés de roues à bandages en caoutchouc sont nombreux au bataillon 508. A partir d'avril 1944, l'unité ne reçoit plus que des engins avec train de roulement à bandage acier, 38 en tout jusqu'au mois de juin 1944.
(Illustration de l'auteur)

A gauche, en cartouche.
Autre exemple de marque sur la Rommelkiste d'un Tigre de la 2. Kompanie.
(Illustration de l'auteur)

Ci-contre.
Ce Sherman a été touché avant même de passer sous un pont de chemin de fer détruit.
(Bundesarchiv Koblenz)

Ci-dessous.
Ce Tigre de la 3. Kompanie a été détruit par un tir au but dans le secteur d'Aprilia fin février 1944.
(Coll. Hirlinger)

Ci-dessous.
Du côté allemand, il y a également de l'ouvrage, pour remettre ce Tigre déchenillé en état.
(Bundesarchiv Koblenz)

Ci-contre.
Un Tigre de la 1ʳᵉ compagnie transporte des fantassins. Il semble qu'après de durs combats, un calme relatif règne dans le secteur.
(Bundesarchiv Koblenz)

Ci-dessous.
Un peu plus loin, un autre Tigre est réparé sous le couvert d'oliviers. Sur la droite, un des énormes tracteurs de 18 tonnes permet d'apprécier sa taille imposante à côté de celle du Tigre.
(Bundesarchiv Koblenz)

Ci-contre.
Un second tracteur, immaculé celui-là, prend également position. Il est immatriculé WH-1530607.
(Bundesarchiv Koblenz)

Ci-dessous.
Ce Panzer II appartient au 216. Stu-Pz-Abt. équipé des fameux Brummbär. On note les barres de remorquage fixées à l'avant du Tigre. L'impact que l'on semble déceler est en réalité un morceau de chiffon.
(Bundesarchiv Koblenz)

Ci-dessous.
Tigre 3 de la 3ᵉ compagnie du s. Pz-Abt. 508, qui déploie aussi les fameux engins chenillés Borgward BIV. Le camouflage – ici en deux tons – et l'emplacement de la Balkenkreuz varient d'un engin à l'autre, cette dernière et l'insigne d'unité étant parfois totalement absents.
(Illustration de l'auteur)

Page précédente.
Détail des marques peintes sur la Rommelkiste du Tigre 3.
(Illustration de l'auteur)

Ci-dessus.
Cette série de clichés pourrait dater du 29 février 1944.
Plusieurs Tigre furent en effet endommagés par des mines
ce jour-là. L'unité ne perd pas moins de huit Tigre du
29 février au 5 mars 1944.
(Bundesarchiv Koblenz)

Ci-contre.
Un chef de char du bataillon 508. Le froid semble assez
sec, à en juger par le foulard peu réglementaire.
(Bundesarchiv Koblenz)

Ci-dessous.
Approvisionnement en munitions. La précision du canon
de 88 permet d'éviter de gâcher des obus. Presque tous les
coups atteignent en effet leur cible.
(Bundesarchiv Koblenz)

Ci-contre.
Attention aux doigts ! Pas moins de deux hommes travaillent à déposer cette chenille.
(Bundesarchiv Koblenz)

Ci-dessus.
La tâche est accomplie. Le barbotin avant va vraisemblablement être changé.
(Bundesarchiv Koblenz)

Ci-contre.
Autre tâche importante, l'entretien de l'âme du canon, essentielle pour la précision et la durée de vie de la pièce.
(Bundesarchiv Koblenz)

Ce Tigre de la 3ᵉ compagnie (Funklenk) présente un impact juste au-dessus de la fente de vision du pilote. Deux roues manquent sur le côté.
(DR)

Ci-dessous.
Prise quelques jours après, cette vue permet d'observer deux impacts sérieux, qui sont sans doute à l'origine de l'abandon du tank. L'antenne typique des Tigre Funklenk est à peine visible, sur le côté droit de la tourelle.
(Tank Museum, Bovington)

Ci-dessous.
Jusqu'à la moitié de 1944, une solution fut également trouvée pour les Tigre de la 3. Kompanie du s. Pz-Abt. 508 : le numéro étant peint directement sur la caisse. Cela permettait d'éviter d'avoir à le reproduire sur le côté droit de la tourelle, dont l'avant est occupé par l'antenne de téléguidage.
(Illustration de l'auteur)

Ci-dessus.
Le bataillon 508 ne s'est pas contenté de détruire des Sherman, il en a également capturé plusieurs, qu'il réutilise.
(Bundesarchiv Koblenz)

Ci-contre.
Au début du printemps 1944, ce caporal-chef observe l'impact d'un coup de 75 mm sur le flanc droit de son Tigre. L'obus n'a pas traversé le blindage.
(Coll. Jaugitz)

Ci-contre.
Printemps 1944, un impact d'artillerie sur le Tigre du chef de la 3e compagnie.
(Coll. Jaugitz)

Ci-dessus.
Printemps 1944 en Italie, une collection de véhicules très recherchés : Tigre du 508, StuG III, Nashorn (s. Pz-Jg.-Abt. 525) et Sturmpanzer (bataillon 216).
(Bundesarchiv Koblenz)

Ci-contre.
Toutes les tentatives pour dépanner les lourds engins se soldèrent par des échecs. Ce char a par exemple brisé sa chenille droite sur la route de Cori à Artena, secteur de Giulanello (25 mai 1944)
(IWM)

Ci-contre.
Le 25 mai 1944, le bataillon 508 perd en cette seule journée 19 Tigre pour raisons diverses : pannes mécaniques ou d'essence, sabordages. Il semble qu'aucun engin ne fut perdu au combat.
(Tank Museum, Bovington)

Ci-contre.
27 mai 1944 dans le même secteur. Ce cliché montre un autre Tigre abandonné pour panne mécanique. Comme sur la photo précédente, le câble de remorquage est en place.
(IWM)

Ci-dessous.
Encore un autre Tigre abandonné après une infructueuse tentative de dépannage. Les bandages en caoutchouc des roues ont brûlé et les barres de torsion ont été affaiblies par la chaleur dégagée. Les combats ont été durs, à en juger par l'état de la maison en arrière-plan. Indéniablement, ce Tigre n'a pu être perdu pour une panne mécanique, mais bien en combat.
(Tank Museum, Bovington)

Ci-dessus.

Un des derniers Tigre sabordés dans le même secteur, près de la gare de Littoria. Les pertes auront pour conséquence le limogeage du commandant du bataillon, considéré comme responsable de cette journée noire du 25 mai 1944.

(IWM)

Ci-dessous.

Ce Tigre de la 1re compagnie du s. Pz-Abt. 508 ne porte aucun numéro sur la tourelle. Les marques sont en effet souvent effacées à l'atelier de réparation. Zimmerit et camouflage étaient rapidement appliqués et le numéro du char était inscrit ensuite par l'équipage lui-même, quand il en avait le temps. Une proportion importante de Tigre abandonnés par le bataillon brille ainsi par l'absence de ces marques. Parfois, seule la Rommelkiste présente le numéro de la compagnie, accompagné ou non de l'insigne de l'unité. Un Tigre présente même comme seule marque un J (I allemand) à cet emplacement (voir page suivante).

(Illustration de l'auteur)

Ci-contre.
Toute unité alliée découvrant un Tigre sur sa route le considère comme sa victime, même si celui-ci a été revendiqué trois jours plus tôt par une autre. Cela explique le nombre incroyablement élevé de Tigre revendiqués, sans compter le nombre d'occasions où un simple Panzer IV détruit est comptabilisé comme un Tigre. Cet engin appartient à la 3. Kompanie du bataillon.
(Tank Museum, Bovington)

Ci-dessous.
Un Tigre du bataillon 508 abandonné quelque part en Italie. L'engin présentant un danger certain pour la circulation a été badigeonné de blanc pour le rendre plus visible de nuit.
(DR)

Ci-contre.
Un autre char perdu pour la 3ᵉ compagnie. Le nouveau chef de char est un soldat britannique. Là aussi, l'engin ne présente aucune trace d'impact visible.
(DR)

Ci-dessous à gauche.
Une variante très intéressante montrant le chiffre peint sur la caisse du Tigre au lieu de la tourelle.
(Coll. Jaugitz)

Ci-dessus à droite.
Sur la route n° 6, ce Tigre de la 3ᵉ compagnie, reconnaissable à sa petite antenne, a lui-aussi été abandonné. La photo date du 17 juin 1944 mais la panne s'est produite le 13 juin, sur la route menant vers Poggibonsi.
(IWM)

Ci-contre.
L'un des deux Tigre perdus au cours de l'action du 29 juillet 1944 près du village de Romola. Sept Sherman seront détruits ce jour-là.
(IWM)

85

Top. **This photograph, probably taken on the 25th July 1944, shows serious impacts.**
The shots did not pierce the armour. *(DR)*

Ci-contre. **Ce Tigre abandonné appartenait à la 3ᵉ compagnie du bataillon 508. L'antenne de téléguidage est à peine visible sur la tourelle.** *(DR)*

Ci-dessous. **L'un des 11 Tigre perdus dans le secteur Forli-Boretto-Cesena. Le 30 janvier 1945 à Forli, un des Tigre est en exposition au profit des troupes du 5th Corps britannique, avec deux Panzer IV ainsi que deux Nashorn du s. Pz-Jg.-Abt. 525.** *(IWM)*

Page précédente, en haut à droite.
Ce Tigre abandonné appartient à la 3.Kompanie du 508. L'antenne de radio commande est claireemnt visible sur le côté de la tourelle.

Page précédente, en bas à droite.
Tigre I du bataillon 508 en révision au I-Staffel. Ce qui apparaît comme de la neige est en réalité de la poussière.
(DR)

Right.
Début 1945, ce cliché montre le placement du buffle – symbole de l'unité – sur la Rommelkiste.
(Coll. Schneider)

Ci-dessous, à gauche.
Sortie de route ou bombardement, le choix est difficile pour l'historien.
(DR)

Ci-dessous, à droite.
Un Tigre abandonné à peu près intact, la cause n'en est pas précisée par la légende originale. A droite, un Sherman est également immobilisé.
(NZ Official)

En bas.
Un Tigre du 3/s. Pz-Abt. 508 sur le front italien en juin 1944. Le chiffre noir pourrait indiquer un chef de compagnie ou de section.
(Illustration de l'auteur)

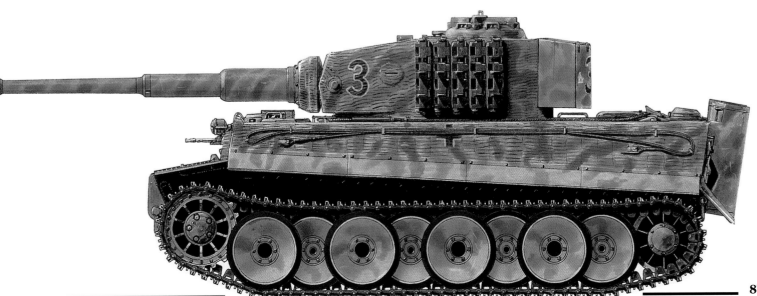

En mai, l'unité s'entraîne à munitions réelles. On voit ici le détail frontal du Tigre 311. De face, à gauche, l'Ostuf. Atja Ihrion, le Stubaf. von Westerhagen et l'Ostubaf. Henno Raasch.
(Bundesarchiv Koblenz)

LA 3ᵉ COMPAGNIE et le *Stab* (état-major) sont les premières composantes du bataillon. L'entraînement a lieu dans le secteur de Mons, de janvier 1944 à la fin du mois de mars. Fin avril, le reste de la 13ᵉ compagnie de la division « Adolf Hitler », qui combattait en Russie, rejoint le nouveau bataillon dans le secteur de Beauvais. Après une école à feu réel d'une semaine en mai, l'unité est prête au combat. Elle parvient avec retard sur le front normand et débute avec l'action la plus connue des Tigre en Normandie : la « charge » de Wittmann à Villers-Bocage le 13 juin 1944. Par la suite, le bataillon combat au prix de lourds sacrifices. 25 Tigre sont détruits au combat, 4 par attaque aérienne, seule une quinzaine d'engins sont sabordés. Il semble enfin que trois ou quatre chars aient pu franchir la Seine. Les Alliés ont payé un lourd tribut au s. SS-Pz-Abt. 101 : près de 200 blindés, de nombreux canons antichars et véhicules, pour la perte d'une quarantaine de Tigre.

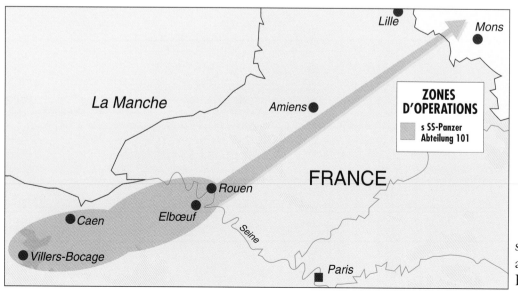

Ci-dessus.
Au centre, l'*Obersturmführer* Raasch, à sa droite le commandant de l'unité, le *Sturmbannführer* von Westerhagen. On note que les chiffres de tourelle ont déjà été repeints.
(Bundesarchiv Koblenz)

La 1ʳᵉ compagnie est reconstituée sur Tigre II, ils retardent l'avance alliée au nord de Paris, autour de Beauvais.

ZONES D'OPÉRATIONS
▨ s SS-Panzer Abteilung 101

La Manche

FRANCE

Lille
Mons
Amiens
Rouen
Elbœuf
Caen
Seine
Villers-Bocage
Paris

Ci-contre.
On remarque sur cette photo la diversité vestimentaire des commandants de compagnie. Au moins sept tenues différentes et plus ou moins réglementaires sont visibles.
(Bundesarchiv Koblenz)

Ci-dessous.
Le Tigre 342 de la 4e section au cours de l'hiver 1943-44. Les chiffres blancs seront bientôt repeints en jaune olive et bleu.
(Coll. Schneider)

Ci-dessous.
Le Tigre du chef de la 4e section de la 3e compagnie du schwer SS-Panzer-Abteilung 101. Ce pourrait donc être celui de l'*Ustuf.* Walter Hahn. Sa section passera en mars 1944 à la 1re compagnie, dont elle devient la 3e section. On note les larges numéros blancs et le camouflage trois tons type 1943.
A cette époque, le reste de l'unité (la 13e compagnie) se trouve encore au combat à l'Est et ne rentre qu'à la fin avril 1944 pour sa reconstitution.
La *Balkenkreuz* et l'insigne du 1. SS-Panzerkorps sont absents.
(Illustration de l'auteur)

Ci-contre.
**Mi-mai 1944. Il n'y eut
aucune attaque sous cette
forme, les chars déployés
de façon si plaisante,
l'aviation alliée obligeant
le plus souvent les Tigre à
se mettre
à couvert.**
(Bundesarchiv Koblenz)

Ci-dessous.
**Le Tigre 331 avance dans
la plaine. Un tel champ de
bataille interdit toute
attaque de la part des chars
alliés. Le canon de 88 les
aurait détruits
à distance.**
(Bundesarchiv Koblenz)

Page suivante.
**Wittmann en grande
discussion. A gauche
l'*Uscha.* Jupp Sälzer
et de côté,
l'*Uscha.* Balthazar Woll.**
(Bundesarchiv Koblenz)

Ci-dessous.
**Une belle étude du Tigre
331, dont le chef de bord
est le *SS-Junker* Erwin
Asbach. La MG34
de tourelle
n'est pas montée
sur son affût.**
(Bundesarchiv Koblenz)

90

Ci-dessus.
Une colonne s'avance sur une route. Raasch et von Westerhagen sont à bord du Tigre 311.
(Bundesarchiv Koblenz)

Ci-contre.
Wittmann avec Woll et, en arrière plan, l'*Uscha.* Kurt Stamm.
(Bundesarchiv Koblenz)

Page suivante.
Un autre commandant de Tigre en discussion avec Wittmann. L'un comme l'autre sont très décorés.
(Bundesarchiv Koblenz)

Ci-dessous.
Le Tigre 323 avec le *Hscha.* Hermann Barkhausen à bord. L'engin ressemble véritablement à un énorme pavé sous cet angle.
(Bundesarchiv Koblenz)

Page suivante.
Le Tigre 007 du commandant de l'unité, le *Stubaf.* Heinz von Westernhagen. Cet officier combat en France puis dans les Ardennes. Il est tué le 20 mars 1945 près de Weszprem en Hongrie. Les Tigre 007 et 008 sont équipés de roues à bandage acier alors que le 009 présente encore les galets à bandage caoutchouc. Ce dernier char provenait vraisemblablement du Stab de la 3e compagnie.
(Illustration de l'auteur)

Ci-dessus.

La photo classique de M. Wittmann a tout de même l'intérêt de présenter une excellente vue de détail de la structure du Zimmerit.

(Bundesarchiv Koblenz)

Ci-contre.
Sur cet autre char de fabrication plus récente, on remarque l'absence de patins de chenille à l'avant.
(Bundesarchiv Koblenz)

Ci-dessous à gauche.
Le Tigre 132 de l'*Uscha.* Werner Wendt à Morgny le 7 juin 1944. Les distances entre les véhicules sont grandes pour des raisons de sécurité. On remarque ici les galets avec bandages en caoutchouc.
(Bundesarchiv Koblenz)

Ci-dessus.
Wittmann en tête avec son Tigre 205, la 2ᵉ compagnie monte la côte vers Morgny, en suivant la route 316.
(Bundesarchiv Koblenz)

Ci-dessus.
Le Tigre 204 (*Uscha.* Seifert), le 211 (*Ostuf.* Wessel) et le 212 (*Ustuf.* Hantusch) dans la même côte. C'est une épreuve que de faire gravir la pente à 56 tonnes d'acier avec seulement 720 chevaux.
(Bundesarchiv Koblenz)

Ci-contre.
Le 211, le 212 et le 214 (*Uscha.* Warmbrunn) sont visibles, le 213 (*Hscha.* Höfflinger) manque à l'appel. Une panne de moteur?
(Bundesarchiv Koblenz)

Ci-dessous.
Le Tigre 134 de l'ex-3ᵉ compagnie, 4ᵉ section. Il devient le 4ᵉ Tigre de la 1ʳᵉ compagnie, 4ᵉ section (numéro de tourelle 134), dont le chef de char est l'*Uscha.* Helmut Dannleitner. Le camouflage des Tigre de la 1ʳᵉ compagnie du schwer SS-Panzer-Abteilung 101 est plus moucheté que celui des autres compagnies. On remarque aussi la position de la Balkenkreuz, à mi-longueur de la caisse sur les chars dont les galets sont à bandage caoutchouc.
(Illustration de l'auteur)

Ci-contre.
L'hypothèse de la panne moteur du 213 semble confirmée par la présence immédiate du 221 (*Ustuf.* Hantusch) juste derrière le 214 en arrière-plan.
(Bundesarchiv Koblenz)

Ci-dessous.
Le Tigre 222 (*Uscha.* Sowa) suivi du 223 (*Oscha.* Brandt). On note le placement élevé de la croix sur le flanc droit de l'engin.
(Bundesarchiv Koblenz)

Page suivante.
Le Tigre 232 (*Uscha* Kurt Kleber) appartient à la compagnie de l'*Ostuf.* Wittmann. Les numéros sont peints en rouge avec un liseré blanc.
(Bundesarchiv Koblenz)

Ci-contre.
La deuxième section est complète, car on aperçoit le 224 en avant-plan (*Uscha.* Mölly).
(Bundesarchiv Koblenz)

Page suivante, en bas.
Variantes de l'insigne du 1. SS-Panzerkorps sur les Tigre du schwer SS-Panzer-Abteilung 101.
(Illustrations de l'auteur)

Le 232 encore, vu sous un angle différent. L'irrégularité de la forme des chiffres de tourelle est notable.
(Bundesarchiv Koblenz)

Ci-dessous.
L'unité parvient au front. Le Tigre 009 du Stab ne semble pas avoir trop souffert, à part un petit éclat dans le canon.
(Bundesarchiv Koblenz)

Ci-dessus.
Une mascotte pour le Tigre. Ce cliché offre un bon détail de l'affût de la mitrailleuse de tourelle.
(Bundesarchiv Koblenz)

La série de clichés consacrés à la bataille de Villers-Bocage sera épargnée au lecteur, car on la trouve au complet dans plusieurs parutions récentes. Quelques photos sont cependant incontournables.

Ci-contre.
Le Tigre 121 de l'*Ostuf.* Lukasius est détruit par un tir de Sherman Firefly dans le compartiment moteur. Son char en feu, l'équipage parvient à s'échapper.
(Bundesarchiv Koblenz)

Ci-contre.
Le Tigre 112 est détruit par un autre Firefly. Le chef de char, l'Oscha. Ernst, est tué au cours de cette action.
(Bundesarchiv Koblenz)

Ci-dessous à gauche.
Une autre vue du Tigre 121. La Zimmerit s'est détachée en partie sur les endroits surchauffés par l'incendie.
(Bundesarchiv Koblenz)

Ci-dessous à droite.
On voit ici en avant-plan le Tigre 222 de Wittmann et en fond le 112 (*Uscha.* Cap). Le Panzer IV appartient à la division Panzer Lehr.
(Bundesarchiv Koblenz)

Ci-dessus.

Sur cette vue, le numéro du char est encore discernable à l'avant de la tourelle et confirme son appartenance.
(Bundesarchiv Koblenz)

Ci-dessous.

Le même Tigre 112 après le bombardement allié totalement inutile du 30 juin 1944. Villers-Bocage fut, comme beaucoup d'autres localités françaises, littéralement rasé.
(IWM)

Ci-contre.

Des hommes de la Panzer Lehr devant l'épave d'un Cromwell détruit par le feu.
(Bundesarchiv Koblenz)

Ci-dessous.
L'attaque sur Villers-Bocage a vu la destruction de 26 chars britanniques (Sherman et Cromwell), 14 half-tracks, 8 Bren Carriers et de nombreux véhicules. Plusieurs engins sont capturés intacts. A cela s'ajoutent quelques canons antichars et 230 prisonniers. La 1re compagnie du bataillon 101 a perdu 3 chars et sept hommes (tués, blessés). Le char emprunté pour cette attaque par Wittmann fut récupéré et remis en service après réparations.
(Bundesarchiv Koblenz)

Ci-dessous.
Le Tigre « officiel » de l'*Ostuf.* M. Wittmann, chef de la 2e compagnie. Comme c'est souvent le cas pour les soldats de l'envergure de Wittmann, un char était toujours mis à sa disposition, en cas de panne ou de destruction de son propre engin. Ce fut le cas du Tigre 222 le 13 juin 1944 à Villers-Bocage, mais aussi du Tigre 007 le jour de sa mort le 8 août 1944 près de Gaumesnil.
(Illustration de l'auteur)

Ci-contre.
**Le Tigre 331 (*Ustuf.*
Thomas Amselgruber)**
dans un village normand,
vers la fin juin 1944.
Presque toute une rangée
de galets manque au côté
gauche.
(Bundesarchiv Koblenz)

Ci-contre.
**Ce Cromwell a été
récupéré intact par le
bataillon.** On aperçoit au
premier rang à gauche les
restes d'un Stuart détruit
par la 2e compagnie.
(Bundesarchiv Koblenz)

*Page suivante,
en haut à droite.*
**Belle étude de la « copie »
britannique du Tigre,** on
note le changement de
conducteur.
(Bundesarchiv Koblenz)

Page suivante.
Le Tigre 232 de l'*Uscha*. Kurt Kleber en haut à droite, le
14 juin 1944, juste après l'engagement de Villers-Bocage.
(Bundesarchiv Koblenz)

Ci-dessous.
Le Tigre 231 (*Junker* Belbe) est pris en remorque par le 232
en raison d'une avarie. Ce genre de manœuvre est
strictement interdit, mais la menace de l'aviation faisait
passer outre à bien des consignes.
(Bundesarchiv Koblenz)

105

Page suivante, en haut.
Le Tigre 214 du *Rottenführer* Warmbrunn, détruit le
27 juin 1944 par un obus de 75 mm britannique. Le corps
du soldat n'est pas celui d'un membre de l'équipage.
(IWM)

Ci-contre.
Cette vue du Tigre 232 permet de mieux faire la
comparaison entre Tigre et Cromwell. Apparemment, le
Tigre a impressionné les constructeurs britanniques.
(Bundesarchiv Koblenz)

En bas à gauche.
Ce Tigre pourrait être celui de l'*Oscha* Fritz Wendt, détruit
le 15 juin 1944. Cinq Sherman sont perdus
par l'adversaire lors de ce combat.
(Bundesarchiv Koblenz)

Ci-dessous.
Le même Tigre 132 vu de l'arrière.
Toutes les écoutilles sont ouvertes.
(Coll. Buffetaut)

Ci-contre, page suivante.
Ce cliché britannique
date du 23 juin 1944. Ce
Tigre de la 3. Kompanie
aurait été détruit par le
sergent Dring des
Sherwood Rangers, en
même temps que trois
autres Tigre de l'unité.
Seul un Tigre a été
détruit ce jour-là, le
fameux 334. Soit la date
du cliché est erronée,
soit ce Tigre a été perdu
le 24 juin et abandonné
– comme un second
Tigre – au cours de
l'action durant laquelle
le Tigre 332 de l'*Uscha.*
Wanecke détruisit sept
Sherman. Enfin, il se
peut que le sergent
Dring ait détruit en
réalité des Panzer IV.
(IWM)

Ci-dessus.
28 juin 1944 sur la route de Rauray à Tilly-sur-Seulles. Le 334 de l'*Oscha*. Rolf von Westerhagen a été perdu comme le 331 (Amselgruber) et le 105 (Möbius). Ce dernier détruit à lui seul six des huit Sherman perdus par l'adversaire au cours de cette action.
(IWM)

Ci-contre.
Le même jour, les Bren carriers du 2/Kensingtons (49th Infantry Div. britannique) dépassent l'épave du Tigre 334.
(IWM)

Ci-contre.
Une autre vue du 334 dépassé par des Sherman. Le Tigre semble avoir été frappé à l'arrière quand il tentait de rejoindre ses lignes.
(IWM)

Ci-dessous.
Le 334, apparemment en parfait état de marche, sera récupéré par les Britanniques. Warmbrunn a détruit trois Sherman avec ce tank le 17 juillet 1944.
(Tank Museum, Bovington)

Ci-dessous.
**Le Tigre 222 de l'*Uscha.* Kurt Sowa. C'est à bord de ce char que l'*Ostuf.* Wittmann entreprend la fameuse attaque sur Villers-Bocage le 13 juin 1944. Les numéros de tourelle sont irréguliers dans leur forme.
On retrouve l'*Uscha.* Sowa à bord du Tigre II n° 222 durant la bataille des Ardennes. Son char sera détruit au cours de l'attaque d'un pont dans Stavelot.**
(Illustration de l'auteur)

Ci-dessus.
Le 334 capturé à côté d'un Panther de la division « Hitlerjugend ». Les deux chars semblent en bon état général.
(IWM)

Ci-dessus à droite.
Sur la cote 112. Le Tigre 311 ou ce qu'il en reste. Il a dû être détruit à la fin du mois de juin. Son chef de bord, l'*Ustuf.* Alfred Günther, n'a pas survécu.
(Bundesarchiv Koblenz)

Ci-dessus.
Ce Tigre de la 2ᵉ compagnie a été abandonné en piteux état. Il se trouve derrière un Tigre du s. SS-Pz.-Abt 102 (voir page 121).
(Tank Museum, Bovington)

Ci-contre.
Le Tigre 211 abandonné dans un sous-bois. Originellement, son chef de bord est l'*Ostuf.* Wessel, mais à cette période de la bataille, les mouvements de personnel sont fréquents.
(Tank Museum, Bovington)

Ci-dessus.
Le Tigre 007 est initialement celui de l'*Ostuf.* von Westerhagen, commandant le bataillon. Le 8 août 1944 marque la fin de l'épopée de Wittmann, qui périt dans ce char. Le lendemain, ses camarades prennent une revanche en détruisant 47 chars britanniques dans le secteur d'Estrées-la-Campagne. 38 chars canadiens sont victimes de leur feu, sans aucune perte pour les Tigre.
(DR)

Ci-contre.
Le Tigre 314 a été frappé près de Gausmenil, le 8 août 1944. Le char de Wittman est détruit au même moment.
(DR)

Ci-contre.
Le 222 ou 223. Est-ce le Tigre de Wittmann utilisé à Villers-Bocage, remis en état et perdu plus tard, ou le n° 223 de l'*Oscha.* Jürgen Brandt?
(Coll. Buffetaut)

Ci-contre.
Remorquage infructueux d'un Tigre de la 1re ou de la 3e compagnie. L'engin gît à Marles où il a été abandonné le 30 août 1944 après avoir passé la Seine. Son camouflage et son Zimmerit remis à neuf cachent sûrement de profondes blessures.
(DR)

Ci-contre.
Un Tigre de la 2ᵉ compagnie, resté sur le terrain jusqu'en 1946. Il fut perdu près de Bourguébus, au cours des combats au sud de Caen. Du 18 au 20 juillet, la 11th Armoured Division britannique y perdit 191 tanks et près de 1 150 hommes.
(DR)

Page précédente.

Selon certaines sources, ce char appartiendrait à la 3ᵉ compagnie (324) et proviendrait de la 1ʳᵉ compagnie (ex n° 121). Il est certain qu'il a été détruit le 30 août 1944 juste après un Tigre II dans un pré situé entre Goincourt et Aux Marais. Le Tigre II (n° 111) appartenait à la nouvelle 1ʳᵉ compagnie et on en a déduit que le Tigre I était de la même unité. Cependant, la forme du numéro, son emplacement et l'aspect général du tank désignent un engin du s. Pz-Abt. 503, ce que confirme l'absence de chenilles de rechange à l'avant.
(GEMOB)

Ci-contre.
Il semble que l'équipage du Tigre II ait réussi, comme celui du Tigre I, à bloquer la culasse du canon avant d'abandonner son char.
(GEMOB)

Ci-contre.
Le même char que celui de la page 113 a été déplacé légèrement. On note l'absence de plusieurs équipements (câble et crochet) par rapport au cliché précédent.
(DR)

Ci-dessous.
Le Tigre 304 du *Kompaniefführer* de la 3ᵉ compagnie (*Uscha.* Heinrich Ritter). L'engin a participé à l'école à feu réel dans le secteur d'Amiens. Il sera perdu au cours de la campagne de Normandie. On retrouve H. Ritter comme *Oberscharführer* à bord du Tigre II 312, qui sera endommagé et abandonné fin décembre 1944 près d'Engelsdorf durant la bataille des Ardennes.
(Illustration de l'auteur)

APRÈS UN entraînement intense en Hollande près d'Oldebruch, le bataillon quitte ce pays le 11 juin 1944 et se rend par de nombreux détours jusqu'en Normandie, qu'il atteint le 7 juillet. Les combats auront principalement lieu contre des troupes britanniques. Le score du bataillon s'élève pour la période du 10 juillet au 22 août 1944 à 230 chars, 28 canons antichars, 19 half-tracks, 4 automitrailleuses M8, 34 camions et un nombre important de véhicules capturés.

Will Fey, « l'as des as » en Normandie, revendique à lui seul 88 chars détruits. On se demande alors pourquoi on ne lui donna pas un autre Tigre lors des combats suivants sur le front de l'Est.

Sur les 45 Tigre engagés par le s. SS-Pz-Abt. 102 en Normandie, une vingtaine sont détruits au combat. Par la suite, l'unité est reconstituée et dotée de Tigre II.

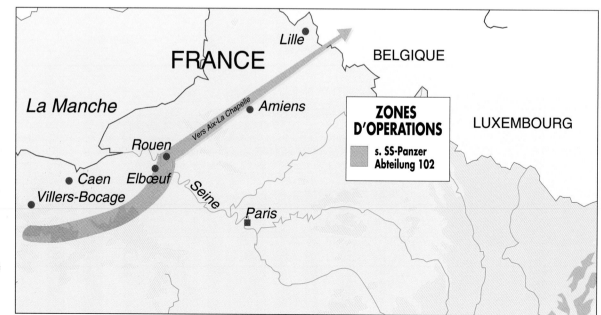

Ci-dessus.
Fin avril 1944, l'entraînement de l'unité se poursuit en Hollande, à Wezep Oldebruch.
(Coll. Schneider)

Ci-contre.
Tigre du s. SS-Pz.-Abt. 102 traversant Falaise au début de juillet 1944. La ville a déjà subi de nombreuses destructions.
(ECPA)

Ci-contre.
Le Tigre 211 nous montre fort bien le tracé des chiffres, disposés presque en escalier le long du bord supérieur de la tourelle. Le camouflage est également typique de l'unité.
(ECPA)

Ci-dessous.
Le Tigre 001 du commandant de l'unité, l'*Obersturmführer* Hans Weiss. Il mène son unité au combat jusqu'au 19 août 1944 où il sera blessé et fait prisonnier près de Trun. Caractéristiques du bataillon, les chiffres tactiques sont alignés en suivant le bord supérieur de la tourelle.
(Illustration de l'auteur)

Ci-dessus.
Une autre vue du Tigre 211 devant un des premiers véhicules de prise. Le camouflage est indispensable pour les mouvements diurnes. Ces derniers deviennent suicidaires vers la fin de la campagne de Normandie, en raison des attaques aériennes alliées.
(ECPA)

Ci-contre.
La même scène vue sous l'angle arrière. Le camouflage du char est typique, avec les longues ondulations de couleur jaune sable. En arrière-plan gît un véhicule détruit.
(ECPA)

Page suivante.
Le Tigre 231, qui a été la cible d'une attaque aérienne, d'après les impacts visibles. Il s'agit du char de l'*Ostuf.* Loritz, qui détruit plus d'une vingtaine de chars alliés en Normandie.
(ECPA)

Ci-contre.
Ce Tigre est souvent attribué au s. SS-Pz.-Abt. 101 mais son camouflage typique laisse plutôt penser à un engin du bataillon 102. Derrière lui se trouve bel et bien un Tigre du bataillon 101 (voir en page 110).
(Coll. de l'auteur)

Ci-contre.
L'emblème de l'unité est bien visible sur le char 241 du commandant de compagnie, l'*Oberscharführer* Schroif.
(Coll. de l'auteur)

Ci-dessous.
Le Tigre 134 est celui de Will Fey, l'« as des as ». Il aurait avec cet engin détruit à lui seul 69 chars alliés, 22 véhicules blindés et cinq canons antichars. Pourquoi dès lors après la Normandie n'a t-il jamais pu obtenir un autre Tigre? Alors que chaque as allemand était favorisé, Fey fut semble t-il oublié.
(Illustration de l'auteur)

Ci-contre.
Au centre, Will Fey, chef du Tigre 134.
(DR)

Ci-dessous.
Sur ce cliché canadien daté du 30 août 1944, le Tigre 223 a été abandonné en raison d'une avarie de chenille à quelques kilomètres de la Seine le 25 août.
(NAC)

En médaillon.
Ce char de la 2. Kompanie a succombé sous les nombreux impacts, à moins qu'il n'ait servi de cible à l'entraînement. On note l'obus non explosé dans le glacis frontal.
(DR)

En cartouche.
Emplacement de l'insigne du II. SS-Panzerkorps porté par les Tigre du schwer SS-Panzer-Abteilung 102 durant la bataille de Normandie.
(Illustration de l'auteur)

Ci-dessous.

Le même engin avec des petits soldats d'après-guerre. On remarque la forme irrégulière des chiffres.
(DR)

Ci-dessous.

Tigre 241 de l'*Haupsturmführer* Endemann, chef de la 2ᵉ compagnie. Il change également souvent de monture au cours de la bataille de Normandie, et emploie entre autres le 221. On remarque l'éclair rose, insigne du II. SS-Panzerkorps. Le 241 est également utilisé par l'*Oberscharführer* Schroif.
(Illustration de l'auteur)

Ci-contre.
Après avoir glissé dans un cratère de bombe, ce Tigre a été abandonné par son équipage. De l'avis dans anciens, il aurait pu être récupéré.
(DR)

Ci-dessous.
Ce Sherman a explosé, touché en plein milieu de la caisse, arrachant sa tourelle. Les Tigre seront dangereux jusqu'au dernier jour de la bataille de Normandie.
(DR)

Ci-dessous.
Le Tigre 231 de l'*Untersturmführer* Loritz, qui sera détruit le 14 août 1944 près de Falaise. Tout l'équipage périt à bord. Loritz avait auparavant remporté un nombre impressionnant de victoires.
(Illustration de l'auteur)

Ci-contre.
L'unité réussit à parvenir en Belgique mais la longue marche a eu raison du moteur de ce Tigre. L'équipage a neutralisé le char en détruisant son canon. Secteur de Genval, début septembre 1944.
(Coll. Schneider)

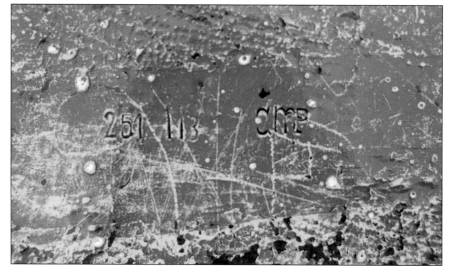

Ci-dessous.
Bien que mal restauré, le Tigre de Vimoutiers conserve malgré tout son caractère, donné par les ondulations du camouflage. Dommage que la couleur ait été changée en brun au lieu du jaune sable.
(Coll. de l'auteur)

Ci-dessus.
Le numéro d'immatriculation du Tigre de Vimoutiers est le 251113. Il appartient indubitablement au s. SS-Pz.-Abt. 102 et fut livré avec quinze autres Tigre entre le 26 et le 29 mai 1944 à ce bataillon.
(Coll. de l'auteur)

Ci-dessus.

Le Tigre exposé à Vimoutiers pourrait être le tank tombé en panne le 20 août 1944. L'emplacement actuel n'est pas l'endroit original où le char fut sabordé.

(Coll. de l'auteur)

Ci-dessous.

Le Tigre 311 de l'*Ustuf.* Streng. L'aspect des chars se modifie avec le crescendo des combats. Ainsi le camouflage et les numéros tactiques appliqués à l'usine se transforment peu à peu à chaque remise en état. Parfois le numéro disparaît totalement et le camouflage est appliqué hâtivement sur une *Zimmerit* rafistolée. L'aspect typique des minces ondulations jaune sable s'estompe pour laisser place à un camouflage plus traditionnel.

(Illustration de l'auteur)

Ci-dessous.
Le Tigre 01 du
Hauptmann **Krämer, chef**
du Panzer-Abteilung (Fkl.)
301. Cette unité de trois
compagnies dispose de 10
Tigre I, et de 18 engins
BIV par compagnie.
L'emport de jerrycans sur
la *Rommelkiste* **est typique**
du Panzer-Abteilung 301.
Les numéros sont
également peints de façon
caractéristique, près du
bord supérieur de la
tourelle.
(Illustration de l'auteur)

LE BATAILLON est constitué en septembre 1942 et n'emploie pas de Tigre à cette époque. Il combat alors dans le secteur sud du front russe. En octobre 1944, il est rééquipé de 31 Tigre dotés du système de téléguidage des engins Borgward IV. Il combat de novembre 1944 jusqu'à la mi-avril 1945 dans la région entre Luxembourg et Cologne, puis à l'est de cette zone. Le 13 mai 1945, il lui reste encore 13 Tigre dont 4 opérationnels. Les derniers sont sabordés dans le secteur à l'Est du Rhin.

Ci-contre.
Le Tigre 113 au cours du rassemblement du bataillon dans le secteur de Grafenwöhr. L'apparence de la végétation confirme la période d'octobre 1944.
(Coll. Jaugitz)

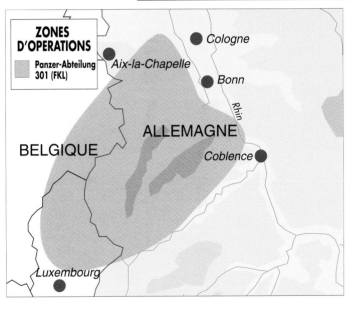

ZONES D'OPERATIONS

Panzer-Abteilung 301 (FKL)

Cologne
Aix-la-Chapelle
Bonn
Rhin
ALLEMAGNE
BELGIQUE
Coblence
Luxembourg

Ci-dessous.
Le Tigre 213 du Panzer-Abteilung 301. Malgré son engagement tardif, le bataillon remporte quelques succès défensifs incontestables. Pas moins de 70 chars alliés sont victimes de ses canons.
(Illustration de l'auteur)

Ci-dessus.
Ces deux Tigre du bataillon 301 ont contenu l'avance britannique dans le secteur de Waldfeucht. Ils sont détruits le 23 janvier 1945 par un canon antichars 6 Pounder du 5/KOSB, non loin de Geilenkirchen. Un impact dans le compartiment moteur a mis fin à la course du premier tank. Il semble bien que certains Tigre de l'unité aient été badigeonnés de blanc, à moins que le blanc visible sur ce cliché ne provienne de la combustion du Zimmerit,
laissant une cendre très claire.
(IWM)

Ci-dessous.
Il se peut que quelques Tigre aient présenté une livrée blanche sur le front occidental au cours de l'hiver 1944-45. Mais, d'après les informations communiquées en dernière minute par l'expert Marcus Jaugitz, qui a reçu le témoignage d'anciens de l'unité, aucun des Tigre du Panzer-Abteilung 301 ne fut peint en blanc. L'auteur a cependant choisi cette présentation, qui peut aussi s'appliquer au s. Pz-Abt. 506 ou aux engins de la compagnie Hummel.
(Illustration de l'auteur)

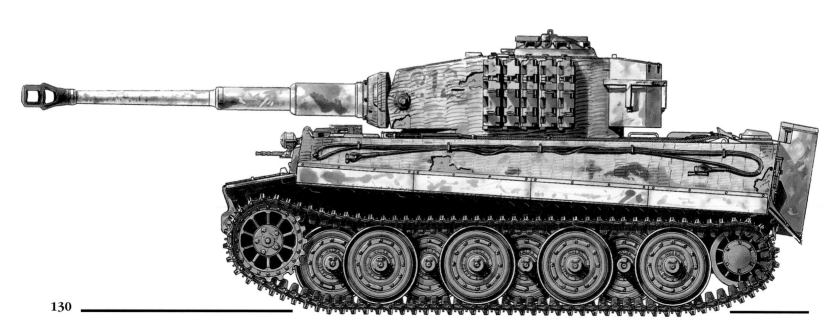

VIII - KOMPANIE MEYER

Ci-dessus.
Un Tigre de la compagnie Meyer au cours de l'entraînement en Autriche, été 1943.
(Coll. Schneider)

MISE SUR PIED le 26 juillet 1943, la compagnie s'entraîne en Autriche dans le secteur d'Innsbruck. L'unité part pour l'Italie mais bien que se trouvant dans le secteur d'Anzio dès le 22 janvier 1944, elle n'est – pour une raison inexplicable – pas employée immédiatement. La compagnie Meyer combat ensuite dans ce secteur et près de Cecina. Le 3 mars 1944, elle est intégrée au s. Pz.-Abt. 508.

Ci-contre.
« *Strolch* » (mauvais sujet) est un des Tigre de la compagnie Meyer. La scène pourrait dater de la fin février-début mars 1944.
(Bundesarchiv Koblenz)

Le Tigre 8, baptisé *Strolch* (mauvais sujet) de la compagnie Meyer, en action durant les combats de réduction de la tête de pont d'Anzio-Nettuno. Retenus pour des raisons inconnues, les Tigre ne sont pas engagés dès le 22 janvier 1944.
(Illustration de l'auteur)

Page précédente.

**Cette autre vue met en évidence le petit insigne de *Strolch*
sur le glacis frontal.**
(Bundesarchiv Koblenz)

Ci-contre.

**Le Tigre « *von Eschnapur* » en Italie, secteur d'Isola Bella,
février-mars 1944. L'absence de teinte verte dans
le camouflage est mise en évidence sur ce cliché. Seul
du brun recouvre la couleur de base. La végétation à
l'arrière-plan est celle du début du printemps,
assez précoce dans cette région.**
(DR)

Ci-dessous.

**Le Tigre *von Eschnapur* sous un autre angle,
son n° 122 est visible à l'avant de la tourelle.**
(DR)

Ci-dessous.

**Le *Tiger von Eschnapur*, surnommé
ainsi en référence à un célèbre film
d'aventures se déroulant en Inde.
Le système de numérotation
a changé et l'engin pourrait
appartenir à la 1. Kompanie
du s. Pz-Abt. 508.**
(Illustration de l'auteur)

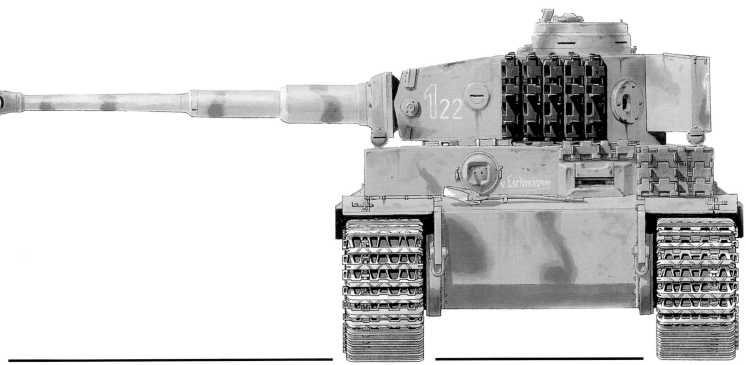

Ci-dessous à gauche.
25 février 1945. L'un des rares combats entre Tigre et Pershing américain fut remporté à Elsdorf par ce Tigre. La victoire fut de courte durée car le char s'immobilisa dans les ruines d'une maison et y fut abandonné.
(DR)

En bas de page.
Un Tigre I de la compagnie Hummel, qui deviendra par la suite 4e compagnie du s. Pz-Abt. 506. L'unité est équipée de Tigre souvent rafistolés, avec des éléments de tourelle plus anciens. Certains sont recouverts de Zimmerit. Les numéros tactiques apparaissent sur les Tigre à compter de leur intégration dans le bataillon 506. Le camouflage est diffus et à dominante sombre.
(Illustration de l'auteur)

Ce Tigre numéroté 411 sera perdu durant les combats des Ardennes, à 10 km de Bastogne, à Oberwampach.
(DR)

APRES AVOIR été hâtivement constituée en juillet 1944, l'unité est expédiée dans le secteur d'Arnhem (Hollande) en septembre 1944, sous les ordres de la 10e division SS « Frundsberg ». Elle attaque la tête de pont alliée par l'Est. Par la suite, l'unité rejoint l'Allemagne par Gand et Utrecht, jusqu'à Aix-la-Chapelle. Le 18 décembre 1944, elle est intégrée comme 4e compagnie au s. Pz-Abt. 506, équipé quant à lui de Tigre II. Les Tigre I de la 4e compagnie se battront à l'Est du Rhin, passant le fleuve à Coblence durant leur retraite. C'est dans ce secteur que les derniers chars sont perdus.

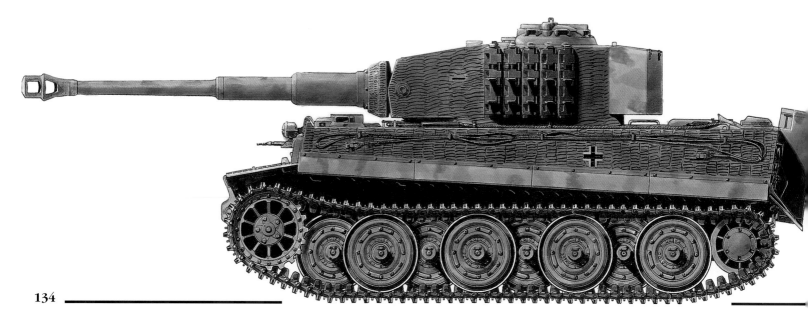

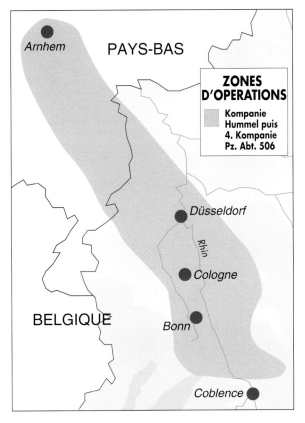

ZONES
D'OPERATIONS

Kompanie
Hummel puis
4. Kompanie
Pz. Abt. 506

Le Tigre 111 est de type hybride. On observe le châssis et le tourelleau des premières séries. Il est possible que ce char ait reçu des galets à bandages caoutchoutés.
(Coll. Schneider)

Ci-dessus.
Tigre de l'ex-compagnie Hummel, sous le commandement du s. Pz.-Abt 506 dans le secteur de Geilenkirchen à la mi-novembre 1944, durant les combats pour Aix-la-Chapelle (Aachen).
(DR)

Ci-dessous.
Un autre Tigre dans les Ardennes. A cette époque, les numéros tactiques apparaissent sur les engins de la 4e Cie du bat. 506, équipée de Tigre I. 407 désigne un tank de la 2e section. Cet hybride résulte du montage d'éléments de plusieurs séries : les superstructures sont précoces alors que le châssis est de la dernière série, tout comme – curieusement – le frein de bouche.
(Illustration de l'auteur)

Ci-dessus.
Le F02 est détruit le 13 avril 1945 dans la région d'Osttenholz par un Comet britannique. L'équipage réussit à s'enfuir. Le F02 a auparavant détruit 2 Comet, 1 half-track et 1 Scout car.
(Tank Museum, Bovington)

Ci-contre.
L'obus a détruit le moteur du Tigre. On remarque ici le placement de la croix, à gauche et au-dessus de l'impact.
(Tank Museum, Bovington)

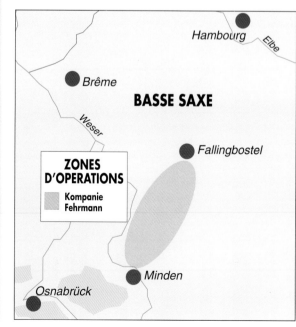

BASSE SAXE

Hambourg

Elbe

Brême

Weser

Fallingbostel

ZONES D'OPERATIONS
Kompanie Fehrmann

Minden

Osnabrück

MISE SUR PIED en janvier 1945 au camp d'Oerbke, cette compagnie dispose en avril de 5 Panther et 6 Tigre I. Elle se met en route vers la Weser et atteint Nienburg le 7 avril 1945. Quatre Panther sont perdus dans le secteur de Wietersheim le 9. Un Tigre retourne à l'usine, son canon endommagé. Les combats se poursuivent dans le secteur jusqu'au 11 avril 1945, date à laquelle le dernier Tigre I, en panne d'essence, est sabordé.

Ci-dessus.
Une autre vue de l'engin : on observe l'impact sur le côté arrière gauche.
(Tank Museum, Bovington)

Ci-dessous.
Le groupe Fehrmann dispose de six Tigre, tous de type hybride, et de cinq Panther.
Le chef de circonstance de l'unité, le *Major* Paul Schulze, détruit le 11 mars 1945 trois Sherman et un véhicule blindé de reconnaissance en quelques instants. Seul face à quelque 120 chars de la 5ᵉ DBUS, il parvient à s'échapper. Dans sa fuite, il dépasse une autre unité américaine et détruit encore un char et un blindé sur roues, libérant deux cents prisonniers par la même occasion. Son Tigre, à court d'essence, est par la suite sabordé.
(Illustration de l'auteur)

Ci-dessous.
Il semble peu probable que la couleur rouge ait été utilisée pour les numéros. Elle est en effet bien trop voyante pour les quelques Panzer dont l'armée allemande dispose encore. La peinture est plus claire à l'emplacement de la Rommelkiste, arrachée par un obus. Cela pourrait confirmer l'absence à l'origine des garde-boue latéraux, vu la couleur homogène du châssis à cet endroit.
(Tank Museum, Bovington)

Ci-dessus.
Le F13 de la Compagnie Fehrmann est détruit le 11 avril 1945 dans le secteur de Achum. Contrairement à certaines sources, l'équipage et son commandant, le *Feldwebel* Bellof, réussirent à s'enfuir.
(IWM)

Ci-dessous.
Ce Tigre du groupe Fehrmann sera détruit, avec un autre Tigre, le 11 mars 1945 dans le secteur d'Achum après avoir été encerclé par un groupe blindé américain. Le sort de l'équipage du second Tigre n'est pas connu. Les chiffres tactiques de tourelle ont été hâtivement appliqués. L'absence du garde-boue latéral est vraisemblable, il a pu être perdu dans les sous-bois de la région.
(Illustration de l'auteur)

XI - LES BORGWARD BIV

CES ENGINS téléguidés emportent 500 kg de TNT et sont utilisés sur l'ensemble des fronts. En Italie, on les trouve au sein des s. Pz-Abt. 504 et 508. Les 3e compagnies de ces deux unités en sont équipées, provenant respectivement des Panzerkompanie 314 (Funklenk) et 313 (Funklenk) [1]. D'autres unités, tel le Panzer-Abteilung 301 (Fkl.) alignent trois compagnies armées de ces engins.

Les Tigre de ces compagnies accueillent un émetteur de téléguidage, dont la petite antenne est placée à l'avant droit de la tourelle.

Là aussi, les historiens qualifient les résultats obtenus par cette arme de négligeables. Il est vrai que la commande à distance de ces véhicules est particulièrement délicate, suivant le terrain où ils sont appelés à évoluer. Les routes sinueuses d'Italie n'offrent en effet que peu de visibilité pour un guidage correct et souvent, les BIV sortent du champ visuel de leur pilote. Ils sont également perdus en dérapant en bas de la route ou en glissant dans des marécages.

La conduite par un pilote dans l'engin lui-même présente plus une gêne qu'un atout. Enfin, ces engins consomment leur part d'essence et il n'était pas toujours possible de les transporter sur une remorque. Et l'entretien de 35 de ces engins par compagnie, en sus des Tigre et autres véhicules, pose encore une fois de graves problèmes de pièces de rechange.

Il semble cependant que leur apparition provoquait la panique chez l'ennemi, comme le laissent entendre des compte-rendus canadiens, car plus d'un équipage abandonnait son Sherman à la vue d'une de ces bombes motorisées.

Les meilleurs succès sont remportés en plaçant les BIV à des endroits stratégiques tels que croisements de routes, ponts, bâtisses, défilés, etc. et en les déclenchant à distance au passage des troupes ennemies. Mais là encore, il est certain que le canon de 88 du Tigre cause encore davantage de dégâts.

1. Funklenk : téléguidé.

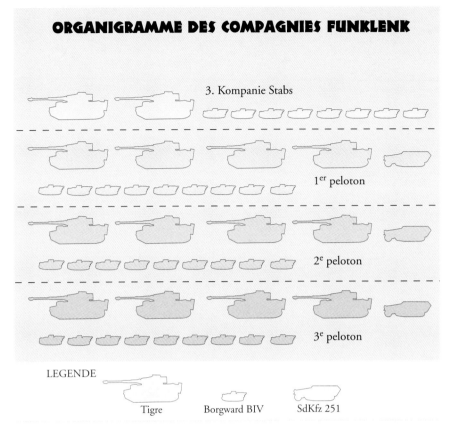

ORGANIGRAMME DES COMPAGNIES FUNKLENK

3. Kompanie Stabs

1er peloton

2e peloton

3e peloton

LEGENDE

Tigre   Borgward BIV   SdKfz 251

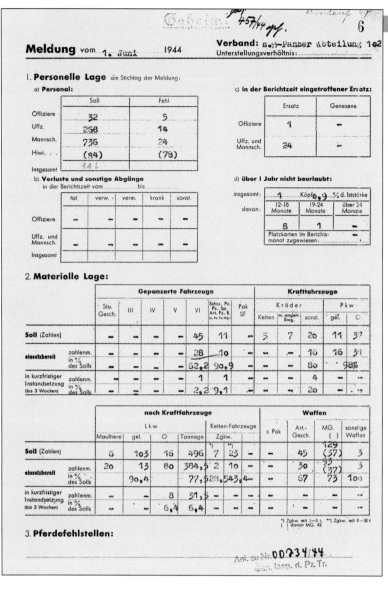

Un rapport d'unité, en l'occurrence émanant du
s. SS-Pz.-Abt. 102, daté du 1er juin 1944. Chaque véhicule,
chaque arme, chaque homme présent au corps
ou manquant y figure.
(Bundesarchiv Freiburg)

```
                                                    - 2 -                                          9
                           2 Kraftwagenschlosser (G)

         s.SS Panzer Abteilung 102                    Stand: 7.9.1944
         ===========================================================

         1.) Beabsichtigte Gliederung :
                  Stab
                  3 Kp. zu 14 Panzer Kpfwg.VI

         2.) Fehl :
             a) Personell :
                1. Offiziere:
                Durch Ausfall im Einsatz weist die Abteilung ein Fehl
                Führern auf, und zwar:

                           1 Kompanie-Führer (Panzer)
                           1 Adjutant (K)
                           6 Zugführer (Panzer)
                           1 Verw.-Führer zugl.Verpfl.-Offz.
                           1 Techn.Offizier (W)
                           1 Zugführer (Aufklärungs-Zug)
                           1 Zugführer (Nachrichten-Zug)
                           1 Zugführer (Erkunder-und Pionier-Zug)
                           1 Führer Ing. z.b.V.
                           1 Waffenmeister (K)
                In der Auffrischung der Führerstellen erscheint besonders wich
                die baldige Abstellung eines erfahrenen Kp.-Führers, sowie ein
                Nachrichten-Zugführers und 6 im Panzerkampf möglichst erfahren
                schwungvoller Panzer-Zugführer.
                2. Unteroffiziere und Mannschaften:
                           17 Pz.-Kommandanten
                           17 Richtschützen
                           17 Ladeschützen
                           17 Fahrer
                           30 Funker (davon 8 Mittelwellen-Funker)
                            2 Funkmeister
                            1 Nachrichten-Mechaniker
                            3 Pz.-Funkwarte
                           14 Pz.-Warte
                            2 Waffenmeister-Uffz.
                            1 Hauptgeräteverwalter
                            6 S.D.G.
                            2 Feldkoch-Uffz.
                            4 Schneider
                            3 Schuhmacher
                            1 Maler
                            1 Sattler
                            2 Schreiber (je einer für Ia und IIb)
                            1 Schirrmeister
                            1 Werkmeister
                            2 Ersatzteilverwalter (G)
                            3          "          (M)
                            2 Getriebeschlosser (G)
                            3          "          (M)
                            1 Motorenschlosser (G)
                            1          "          (M)
```

Un autre rapport du début septembre 1944 du
s. SS-Pz.-Abt. 102 montre la carence en effectifs à la suite
de la bataille de Normandie. Le bataillon manque de 17
chefs de char, 17 pointeurs, 17 chargeurs, 17 conducteurs,
30 opérateurs radio, etc. Ce déficit compte les tués,
les blessés, les prisonniers, les hommes mutés dans d'autres
unités, et ceux envoyés en école comme instructeurs.
D'autres documents présentent les pertes au combat sous
forme d'un tableau.
(Bundesarchiv Freiburg)

Document 3

Nous reproduisons ici la demande de reconstitution du bataillon 102 sur le sol allemand, datée du 7 septembre 1944. On fait observer que 6 Tigre envoyés au bataillon pourraient être remis au s. SS-Pz.-Abt. 103.

On ne découvre dans aucun de ces documents officiels la moindre émotion, celui-ci est une simple proposition du chef d'unité à son échelon supérieur.

(Bundesarchiv Freiburg)

---

s.SS Panzer Abteilung 102   Stand: 7.9.1944

11

- 3 -

10

3.) Abschliessendes Urteil:

Liegt nicht vor.

4.) Stellungnahme und Vorschläge Gen.d.Panz.Tr.West:

a) Abteilung hat keine Panzer mehr. In Zulauf 6 Panzer Kpfw.VI.

b) Vorschlag Abt. geschlossen zur Auffrischung in das Heimat-kriegsgebiet verlegen, die 6 in Zulauf befindlichen Panzer Kpfw. VI an s.SS-Panz.Abt.103 übergeben.

[annotations manuscrites]
Sind an 103 übergeben

Document 4

Un rapport du s. Pz.-Abt. 503, daté du 1er août 1944. A cette époque, l'unité appartient à la 21e Panzerdivision. En 25 jours, le bataillon a perdu 26 tués, 18 disparus, 31 blessés et 29 malades. Sur 45 Tigre I et II, il lui en reste 13 en état, soit 29 % ; 16 sont en réparation de courte durée, soit 35 % du parc. On remarque la présence de deux Panzer V, ce sont les deux Bergepanther du bataillon.

(Bundesarchiv Freiburg)

ANLAGE E 1

s. Panzer-Abteilung 503   Geheim   s.Pz.-Abt. 503   67

Abt.: Ia 229/44 geh.   Verband: 21.Pz.-Div.

Ob.West 1.8.1944

Meldung vom.........   Unterstellungsverhältnis:.............

1.Personelle Lage am Stichtag der Meldung:

a) Personal: c) i.d.Berichtzeit eingetroffener Ersatz:

	Soll	Fehl		Ersatz	Genesene
Offz.	28 + 6 Beamte	3			
Uffz.	256	42	Offz.	-	-
Mannsch.	583	5	Uffz.		
Hiwi	90	64	Manns.		
Insges.	963	114			

d) über 1 Jahr nicht beurlaubt:

b) Verluste u.sonstige Abgänge i.d.Berichtzeit 7.44 31.7.44 tot verw.verw. krank sonst.

	tot	verw.	krank	sonst.
Offz.	2	-	1	-
Uffz.u. Mannsch.	24	18	30	29
Insges.	26	18	31	29

2.Materielle Lage:

Gepanzerte Fahrzeuge							Kraftfahrzeuge			
Stu. Gesch.	III	IV	V	VI	Schtz. Pz.	Pak SF	Kräder Ketten Bug.	sonst.	Pkw gel.	
Soll (Zahlen)	-	-	2	45	11	-	5	7	20	49
einsb.Vorhanden roit in %d. Solls	-	-	13	6	4	-	2	8	22	
			29%	45%			33%	40%	45%	
i.kurzfr.zah-Instands.iem (b.3 Wo) is	-	-	2	16	1	-	4	7	4	
	-	-	100%	35%	9%		33%	10%	8%	

nach Kraftfahrzeuge					Ketten-Fahrzeuge		s. Pak	2 cm Flak	MG	sonst. Waffen
	Lkw. Maultiere	gel.	O	Tonn.	Zgkw. RSO					
Soll(Zahlen)	10	108	12	360	3	17	-	3	29	1081
eins.Be-Vorhan-beit i.%d.	8	58	25o		3	-	-	3	26	995
	80%	69%		70%	100%	17%		100%	90%	93%
i.kurzfr. Instands. (b.3 Wo)	1	5	6	34.5			-			
	10%	9%		9%	-	11%				

Verteiler: 1.) 21.Pz.-Div.   9 x
2.) Gen.Insp.d.Pz.
Tr.Gr.Org.   1 x
Entwurf   1 x

Document 5

Compte-rendu du commandant d'unité assurant du bon moral de la troupe malgré la supériorité aérienne alliée. Le second paragraphe déplore le terrain peu propice pour l'emploi de ces chars et précise que les succès ne sont pas en rapport avec les pertes subies.

Traduction des trois dernières lignes :

« – *Habillement et équipements sont satisfaisants ;*

– *Le ravitaillement pourrait être bien meilleur pour une région telle que la Normandie.* »

(Bundesarchiv Freiburg)

4.) Kurzes Werturteil des Kommandeurs:

Stimmung in der Truppe trotz absoluter Luft- und Artillerie-Überlegenheit des Gegners gut. Deprimierend wirkt, dass die durch den verzettelten zum Teil geländemässig bedingten Einsatz der Panzer aufgetretenen Ausfälle in einem sehr ungünstigen Verhältnis zum Erfolg stehen.

Bekleidung und Ausrüstung : g u t .

Verpflegung könnte in einem Lande wie der Normandie weit besser sein.

[signature]
Hauptmann und Abt.Kdr.

5.) Kurze Stellungnahme der vorgesetzten Dienststelle:

CONCLUSION

QUE CE SOIT dans les régions désertiques ou montagneuses de l'Afrique du Nord et de l'Italie, le Tigre ne se trouve pas sur un terrain propice à une utilisation optimale. Seule la Normandie lui offre de meilleures conditions.

Dans le Sud, les paysages rocailleux aux serpentines étroites usent rapidement le lourd engin. La supériorité aérienne alliée qui va croissant rend les mouvements difficiles, ceux-ci ne s'effectuent pratiquement plus que de nuit. La majorité des pertes de Tigre sont dues à des ennuis mécaniques, irréparables en raison du manque de pièces de rechange, ou d'accidents. Dans les deux cas, la seule solution est souvent le sabordage. Près de 75% des pertes en Tigre I du s. Pz.-Abt. 504 et 70% de celles du s. Pz.-Abt. 508 résultent de pannes irréparables, du manque de carburant et d'accidents. Le reste, 25% pour le premier bataillon et 20% seulement pour le second, sont des pertes au combat.

La deuxième principale raison des pertes est certainement l'évolution et le développement de nouveaux canons antichars. Les Allemands entendent parler pour la première fois du fameux *Stove pipe* (tuyau de poêle, le Bazooka) américain dans le secteur de Medjez-el-Bab en décembre 1942.

Les Alliés disposent dès le début de 1943 de canons antichars enfin capables de percer le blindage du Tigre I frontalement. Les risques sont bien sûr énormes pour les servants de ces pièces, car ils doivent laisser l'engin s'approcher à moins de 500 mètres pour être sûrs de faire mouche. Beaucoup payèrent ce courage de leur vie. L'arrivée du 17 Pounder (84 mm) britannique, du Sherman Firefly et des Sherman M4 armés du canon de 76 mm remettent également en cause la suprématie du Tigre I.

A cette qualité croissante s'allie une quantité croissante contre lequel Tigre I et II ne peuvent jouer qu'un rôle retardateur. Certes, le canon de 88 mm, surtout dans la version L71 du Tigre II, demeure le canon antichars et antiaérien par excellence du second conflit mondial. Mais le blindage du Tigre I n'est plus invincible et la grande expérience des équipages ne compense plus le déficit en engins. Le fait que moins de 400 Tigre soient engagés à l'Ouest en tout, de novembre 1942 à la fin du conflit, montre bien la faible participation sur le plan numérique

de ce blindé. La raison en est fort simple : l'industrie allemande ne pouvait en fournir davantage.

L'intensité des combats influe évidemment sur les pertes, ainsi, sur les 121 Tigre I engagés en Normandie [1], tous sauf 5 ou 6 sont perdus. Cela représente un tiers de tous les Tigre engagés à l'Ouest de novembre 1942 jusqu'en mai 1945 et cela en l'espace de trois mois de combats à peine. Même si les Alliés payèrent un prix énorme, les trois Abteilung de Tigre de la Heer et de la Waffen-SS y furent annihilés. Notons que le nombre important d'équipages survivants sert immédiatement à reconstituer ces unités très affaiblies.

Dans le combat char contre char, les Alliés reconnaissent la perte de 4 Sherman pour un Panther détruit sur l'ensemble du conflit. Il semble que cette proportion doive être plus élevée s'agissant du Tigre, même si elle se réduit vers la fin du conflit.

Sur le front de l'Est, cette proportion est nettement plus

Ci-dessus.
Servants de la Flak-zug de la Stabs-Kompanie du s.Pz.-Abt. 508 en position près de Crevalcore (Italie)
(Coll. Hirlinger)

Ci-contre.
La possibilité de se camoufler n'est pas toujours donnée. Dans le ciel italien, les appareils alliés dessinaient d'immenses 8 avec les traînées de condensation pour indiquer la présence immédiate de la 8th Army britannique.
(Coll. Hirlinger)

Ci-contre.
Certaines pièces de Flak sont montées sur châssis automoteur, le semi-chenillé SdKfz 6, mais le plus souvent SdKfz 7/1 et 7/2.
(Coll. Hirlinger)

élevée. Des chiffres énoncés actuellement veulent démontrer l'évolution de la tactique et la meilleure qualité des blindés et des équipages soviétiques durant l'année 1945, dans les derniers moments de la résistance allemande. Ils établiraient que pour un blindé allemand détruit, les Russes n'en perdaient que 1,2. Il aurait été plus clair d'écrire pour 10 chars allemands, 12 chars soviétiques perdus. Mais cette proportion est totalement farfelue quand l'on sait que d'après les chiffres officiels soviétiques, 13 500 chars et chasseurs de chars furent perdus dans les cinq derniers mois de guerre. Il aurait donc fallu que les Allemands alignent quelque 11 000 chars durant cette période, et surtout qu'ils puissent les produire.

Mais après le mois de janvier 1945, qui voit les pertes les plus élevées face aux Russes (764 chars), les Allemands n'ont que peu de chose à opposer à leurs adversaires. Les

régiments blindés ne comptent plus qu'une dizaine de chars, les bataillons lourds de Tigre guère davantage. La Panzerdivision Modell 1944 et le schwer Panzer-Abteilung idéal ne sont plus qu'un rêve irréalisable, l'échec de l'offensive des Ardennes ayant tué ces projets dans l'œuf.

Il reste ici à rappeler que nos deux études, sur le Tigre I à l'Est, et celui-ci sur ses campagnes à l'Ouest, ne sont qu'une présentation éclairée de cette arme redoutée. Il ne s'agit en aucune façon de la glorification d'un engin de mort, qui comme le Stuka, les U-Boote et autres armes effroyables, furent les outils d'une dictature criminelle dont les horreurs ne sont plus à démontrer.

Note 1. Il n'est pas tenu compte des 28 Tigre II engagés et également perdus.

Ci-dessous.
Un Wirbelwind F3 de 20 mm sur un châssis de Panzer IV. Chaque schwer Panzer-Abteilung dispose d'un Zug antiaérien doté de ces engins, ou de la même pièce quadruple montée sur un tracteur SdKfz 7.
(Illustration de l'auteur)

Remerciements
Je tiens à remercier ma femme Nicole pour sa compréhension et sa patience,
malgré les longues journées se transformant en veillées de travail, ainsi que mes amis,
ayant contribué par leurs photos, renseignements et conseils, à la réalisation de ce livre.
Parmi ceux-ci, je veux citer messieurs Wolfgang Schneider et Kurt Hirlinger.

Conformément au règlement d'utilisation des documents provenant des Archives Fédérales
d'Allemagne (Bundesarchiv), l'éditeur indique la liste numérique des photos reproduites ici :

010 880 00	299 1804 12	310 898 28	480 0062 19a	708 276 01
010 880 02	299 1804 14a	311 903 18	484 0076 6	721 098 28
010 880 05	299 1804 15	311 903 19	484 0076 11	721 359 16
010 880 08	299 1805 01	311 903 22a	484 0076 12	721 359 20
010 880 27	299 1805 02	311 903 24	484 0076 14	721 364 7
010 880 28	299 1805 03	311 903 25	484 0097 50	738 207 15a
49 8 20	299 1805 05	311 903 34	550 772 6	738 207 16a
49 8 21	299 1805 11	311 903-904 05	554 872 04	738 207 17a
49 8 24	299 1805 12	311 904 14a	554 872 07	738 207 18a
49 8 26	299 1805 15	311 904 17a	554 872 9b	738 207 33a
49 8 27	299 1805 16	311 904 18a	554 875 05	787 510 4
49 8 28	299 1805 19	311 904 23a	557 1018 01	787 510 9
299 1802 2a	299 1805 20	311 904 25a	557 1018 10	787 510 11
299 1802 4a	299 1805 21	311 904 37a	557 1018 14	787 510 11a
299 1802 8a	299 1805 22	311 904 40	557 1018 24	788 15 4
299 1802 32a	301 1951 24	311 913 18	557 1022 1a	788 15 21a
299 1804 00	301 1951 27	311 944 07	557 1022 14a	788 17 1
299 1804 02	301 1951 28	313 1003 9a	562 1164 26a	788 17 2
299 1804 04	301 1951 29	420 2033 20	562 1164 27a	788 17 17a
299 1804 05	310 876 30	420 2033 35	627 0467 9a	
299 1804 06	310 898 15	420 2033-2034 31	675 7901 33	
299 1804 7a	310 898 18	446 7908 10	708 275 1a	
299 1804 10a	310 898 22	471 1716 7a	708 275 10a	
299 1804 11a	310 898 24	471 1716 7b	708 276 00	

ISBN : 978-2-35250-029-2

Numéro d'éditeur : 35250

Dépôt légal : 1er trimestre 2007

© *Histoire & Collections 2007*

© *Histoire & Collections 2001 pour la première édition*

**histoire &
Collections**
SA au capital de 1 200 000 F
5, avenue de la République
F-75541 Paris Cédex 11
Téléphone : 01 40 21 18 20
Fax : 01 47 00 51 11
e-mail : histecoll@histecoll.com

Cet ouvrage a été conçu, composé et réalisé par
Histoire & Collections, entièrement sur stations
informatiques intégrées.
Supervision et maquette : Philippe Charbonnier
Cartes par Jean-Marie Mongin
Couverture réalisée par Patrick Lesieur
et Jean Restayn
Achevé d'imprimer en février 2007
sur les presses de Zure, Espagne,
Union européenne.